Español

Cuarto grado LECTURAS

Español. Cuarto grado. Lecturas fue elaborado por el Programa Nacional para el Fortalecimiento de la Lectura y la Escritura en la Educación Básica (Pronalees), con la colaboración de la Dirección General de Materiales y Métodos Educativos de la Subsecretaría de Educación Básica y Normal, de la Secretaría de Educación Pública.

Autoras
Margarita Gómez Palacio Muñoz
Laura V. González Guerrero
Laura Silvia Iñigo Dehud
Elia del Carmen Morales García
Sara Y. Moreno Carbajal
Beatriz Rodríguez Sánchez
Beatriz S. Cotero Balcázar
Mariela Grimaldo Medina
Liliana Iñigo Dehud
Lucía Jazmín Odabachian Bermúdez
María Esther Salgado Hernández
Elizabet Silva Castillo

Coordinación editorial
Elena Ortiz Hernán Pupareli

Cuidado de la edición
José Manuel Mateo
María Elia García López

Supervisión técnica
Alejandro Portilla de Buen

Portada
Diseño: Comisión Nacional de Libros de Texto Gratuitos
Ilustración: *Viejo en el muladar*
Óleo sobre tela, 53 x 57 cm
Francisco Goitia (1882-1960)
CNCA-INBA, Museo Nacional de Arte
Selección: Rosa María González Ramírez
Fotografía: Arturo Piera

Servicios editoriales
CIDCLI

Coordinación editorial e iconográfica:
Patricia van Rhijn Armida y Rocío Miranda

Diseño:
Rogelio Rangel
Annie Hasselkus
Evangelina Rangel

Ilustración:
Irina Botcharova (lección 3)
Gloria Calderas (lección 2)
Julián Cicero Olivares (lección 4)
Tania Janco (lecciones 7 y 13)
Claudia Legnazzi (lecciones 6 y 16)
María del Roser Martínez Chalamanch (lecciones 1 y 12)
Leonid Nepomniachi (lecciones 17 y 20)
Ricardo Radosh (lecciones 5 y 10)
Ana Laura Salazar (lección 8)
Tané, arte y diseño (lección 19)
Felipe Ugalde (lección 9)
Rosario Valderrama (lección 11)

Reproducción fotográfica:
Rafael Miranda

Preprensa
El Buró

Primera edición, 2000
Segunda edición, 2000
Ciclo escolar 2001-2002

D.R. © Secretaría de Educación Pública, 2000
   Argentina 28, Centro
   06020, México, D.F.

ISBN   970-18-5825-5 (Obra general)
       970-18-5745-3

Impreso en México
DISTRIBUCIÓN GRATUITA-PROHIBIDA SU VENTA

Presentación

La serie *Español. Cuarto grado* está formada por dos nuevos libros de texto gratuitos: *Lecturas* y *Actividades*. Fueron elaborados en el año 2000 y sustituyen a todos los materiales que, hasta el ciclo 1999-2000, se utilizaron en las escuelas primarias para esta asignatura y grado.

El libro de *Lecturas* es el eje articulador de los nuevos materiales. Con base en los textos que reúne se plantean ejercicios y juegos en el libro de *Actividades*.

La elaboración de estos libros estuvo a cargo de maestros y especialistas cuya propuesta didáctica recupera, tanto resultados de investigaciones recientes sobre la adquisición de la lengua escrita y el desarrollo de habilidades comunicativas en los niños, como la amplia experiencia docente acumulada a lo largo de varios años por muchos profesores de este ciclo escolar.

Las maestras y los maestros de cuarto grado contarán además con el *Libro para el maestro* de Español, que incluye recomendaciones puntuales sobre el uso de los materiales dirigidos a los alumnos, las formas en que éstos se articulan y las maneras de vincular los otros libros de texto gratuitos del grado con los procesos de enseñanza de la lectura y la escritura. Este libro para el maestro se suma al *Fichero. Actividades didácticas,* previamente distribuido. Los dos materiales, en conjunto, ofrecen los apoyos necesarios para que los profesores desempeñen adecuadamente su labor docente en este campo.

La renovación de los libros de Español forma parte del proceso general para el mejoramiento de la calidad de la enseñanza primaria que desarrolla el gobierno de la República.

Para que esta tarea de renovación tenga éxito es indispensable mantener actualizados los materiales, a partir de las observaciones que surjan de su uso y evaluación. Para ello, son necesarias las opiniones de los niños y los maestros que trabajarán con estos libros, así como las sugerencias de las madres y los padres de familia que comparten con sus hijos las actividades escolares.

La Secretaría de Educación Pública necesita sus recomendaciones y críticas. Estas aportaciones serán estudiadas con atención y servirán para que el mejoramiento de los materiales educativos sea una actividad sistemática y permanente.

Índice

El libro misterioso

Texto: Pronalees
Ilustración: María del Roser Martínez Chalamanch

Era casi la hora de la salida. Todas las niñas y los niños del grupo se preparaban para marcharse a su casa. Había sido un largo día de trabajo, como suelen ser todos los primeros días de un nuevo año escolar.

Entre el barullo general se escuchó la voz de la maestra:

—Recuerden que antes de retirarse pueden escoger un libro de la biblioteca, el que ustedes quieran leer y, si están de acuerdo, mañana o cualquier otro día podrán platicarnos qué les pareció.

La biblioteca del salón estaba formada por libros y revistas de diferentes temas, colores y tamaños; todos se hallaban apretujados en dos pequeños libreros.

En un instante alumnas y alumnos se amontonaron alrededor de los libreros tratando de encontrar un texto divertido e interesante para leer. Uno tras otro, los libros empezaron a salir de su lugar.

Entonces, Cecilia y Alejandra, ansiosas porque cada vez quedaban menos textos, tomaron el mismo libro, al mismo tiempo. Se vieron una a la otra y, tratando de sonreír, dijeron: —¡Yo lo vi primero!

—¿Qué te pasa? Yo lo tomé antes que tú —se defendió Cecilia.

—Pero yo ya lo había escogido desde hace mucho rato, sólo que estos niños no me dejaban pasar para tomarlo —replicó Alejandra.

—¡Pues vamos a ver quién gana!

La discusión empezaba a subir de tono, cuando la maestra se acercó y explicó a las niñas que precisamente de ese libro había dos ejemplares. Así que cada quien podría llevarse uno a su casa.

Solucionado el problema, todo mundo se despidió en paz.

Por la tarde, Cecilia se dispuso a realizar la tarea encargada. Se acomodó en el rincón favorito que tenía en casa y empezó a buscar en el índice. Leía y releía los títulos para decidir qué cuento podría resultar más divertido.

"Seguro que éste de ranas me va a gustar, siempre inventan con ellas los cuentos más fantásticos", pensó.

Entonces abrió el libro en la página donde empezaba el cuento y comenzó a leer **La rana** . Le pareció extraño que entre la palabra rana y el punto hubiera un espacio tan grande, como si faltara una palabra, sin embargo continuó su lectura:

La rana .

Una rana   vivía muy   en su
                    charco, hasta que un día
llegó allí una bandada de patos   que le platicaron de lo   y   que era el mundo.

—¡Cuánto me gustaría viajar! —dijo la rana—. Ya estoy   de ver siempre esta agua
llena de plantas, y platicar sólo con mosquitos
y ajolotes   . Me gustaría ir con ustedes, amigos patos.

—Pero, ¿cómo lo harías si no tienes alas? —dijeron los patos.

La rana se puso a pensar, y pronto se le ocurrió una   solución. Le dijo a los patos que tomaran un
palito   y lo sostuvieran con el pico. La rana no tuvo más que prenderse del palo con la boca, y los patos se echaron a volar, llevándola por el aire.

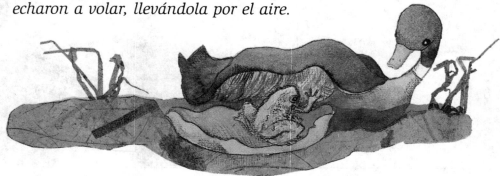

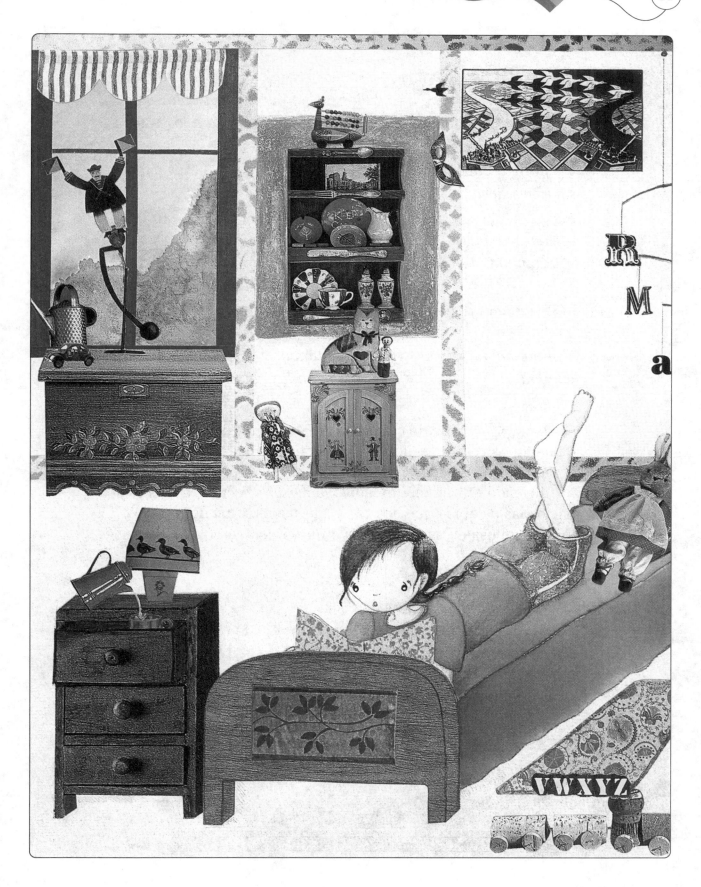

—¡Por fin pudo ver las   copas de los árboles
y los techos   de las casas! Vio también a la gente
                que miraba para arriba y señalaba a los patos
con el dedo, diciendo:

—¡Miren todos qué cosa tan   ! ¡Los patos
silvestres llevan colgando una rana   !
¡Qué   ! ¿Quién habrá inventado ese   truco?

—¡Fui yo, fui yo! ¡Que lo sepan todos! ¡Que lo sepan toooo...
¡Cataplum! Por abrir la boca, la rana cayó en un pantano
             . En realidad, tuvo mucha suerte, porque no le
pasó nada. Cuando salió a la superficie vio a un grupo de ranas
que   la miraban. La rana les contó cómo ella
siempre había soñado conocer el mundo, y cómo inventó una
manera   de viajar con los patos.

—Pero, ¿qué clase de cuento es éste? —dijo Cecilia disgusta-
da mientras cerraba el libro—. Le faltan muchas palabras, ¡qué
gente tan descuidada! Ni modo, tendré que arreglarlo.

Y diciendo esto, tomó un lápiz y empezó a escribir en los es-
pacios las palabras que ella creía adecuadas. Cuando terminó,
muy orgullosa de su trabajo, leyó nuevamente el cuento:

La rana **verrugosa**.

Una rana **verrugosa** vivía muy **triste** en su
apestoso charco, hasta que un día **nublado** llegó
allí una bandada de patos **chismosos** que le platicaron
de lo **terrible** y **peligroso** que era el mundo.

—¡Cuánto me gustaría viajar! —dijo la rana—. Ya estoy **cansada** de ver siempre esta agua **sucia** llena de plantas, y platicar sólo con mosquitos **molestos** y ajolotes **babosos**. Me gustaría ir con ustedes, amigos patos.

—Pero, ¿cómo lo harías si no tienes alas? —dijeron los patos.

La rana se puso a pensar, y pronto se le ocurrió una **loca** solución. Le dijo a los patos que tomaran un palito **duro** y lo sostuvieran con el pico. La rana no tuvo más que prenderse del palo con la boca, y los patos se echaron a volar, llevándola por el aire.

—¡Por fin pudo ver las **sucias** copas de los árboles y los techos **viejos** de las casas! Vio también a la gente **embobada** que miraba para arriba y señalaba a los patos con el dedo, diciendo:

—¡Miren todos qué cosa tan **espantosa**! ¡Los patos silvestres llevan colgando una rana **asquerosa**! ¡Qué **tontería**! ¿Quién habrá inventado ese **descabellado** truco?

—¡Fui yo, fui yo! ¡Que lo sepan todos! ¡Que lo sepan toooo...

¡Cataplum! Por abrir la boca, la rana cayó en un pantano **maloliente**. En realidad, tuvo mucha suerte, porque no le pasó nada. Cuando salió a la superficie vio a un grupo de ranas que **pasmadas** la miraban. La rana les contó cómo ella siempre había soñado conocer el mundo, y cómo inventó una manera **loca** de viajar con los patos.

—Ahora sí puede leerse el cuento como debe ser. ¡Qué bien me está quedando! —dijo Cecilia emocionada.

Mientras tanto, Alejandra en su casa, también se enfrentaba al problema de la falta de palabras. Sólo que en su libro el cuento aparecía así:

La rana viajera.

Una rana verde   muy contenta en su pequeño charco, hasta que un día soleado   allí una bandada de patos silvestres que le   de lo grande y hermoso que era el mundo.

—¡Cuánto me gustaría   ! —dijo la rana—. Ya   aburrida de   siempre esta agua transparente llena de plantas, y   sólo con mosquitos zumbadores y ajolotes gordos. Me ir con ustedes, amigos patos.

—Pero, ¿cómo   si no   alas? —dijeron los patos.

La rana se puso a pensar, y pronto   una buena solución. Le   a los patos que   un palito resistente y lo   con el pico. La rana no tuvo más que   del palo con la boca, y los patos se   a volar, llevándola por el aire.

¡Por fin pudo   las enormes copas de los árboles y los techos rojos de las casas!   también a la gente sorprendida que   para arriba y a los patos con el dedo, diciendo: —¡   todos qué

cosa tan curiosa! ¡Los patos silvestres   colgando
una rana verde! ¡Qué maravilla! ¿Quién   ese
mágico truco?

—¡   yo,   yo! ¡Que lo sepan
todos! ¡Que lo sepan toooo...

¡Cataplum! Por   la boca, la rana
en un pantano lodoso. En realidad, tuvo mucha suerte, porque
no le   nada. Cuando   a la
superficie   a un grupo de ranas que sorprendidas
la   . La rana les   cómo ella
siempre   conocer el mundo, y cómo
una manera maravillosa de viajar con los patos.

"¡Qué mala suerte! Tanto pelear por este libro
y resulta que le faltan palabras. Aunque,
viéndolo bien, creo que puede ser divertido
si trato de completarlo", se dijo Alejandra.

Y, sin pensarlo más, se puso a escribir.
Cuando terminó, el cuento quedó así:

La rana viajera.

Una rana verde **cantaba** muy contenta en su pequeño
charco, hasta que un día soleado **aterrizó** allí una bandada de patos silvestres que le **contaron** de lo grande y
hermoso que era el mundo.

—¡Cuánto me gustaría **conocerlo**! —dijo la rana—. Ya **me siento** aburrida de **mirar** siempre esta agua transparente llena de plantas, y **vivir** sólo con mosquitos zumbadores y ajolotes gordos. Me **quiero** ir con ustedes, amigos patos.

—Pero, ¿cómo **se te ocurre** si no **tienes** alas? —dijeron los patos.

La rana se puso a pensar, y pronto **inventó** una buena solución. Le **pidió** a los patos que **buscaran** un palito resistente y lo **apretaran** con el pico. La rana no tuvo más que **agarrarse** del palo con la boca, y los patos se **pusieron** a volar, llevándola por el aire.

¡Por fin pudo **admirar** las enormes copas de los árboles y los techos rojos de las casas! **Miró** también a la gente sorprendida que **veía** para arriba y **señalaba** a los patos con el dedo, diciendo: —¡**Vean** todos qué cosa tan curiosa! ¡Los patos silvestres **traen** colgando una rana verde! ¡Qué maravilla! ¿Quién **inventaría** ese mágico truco?

—¡**Fui** yo, **fui** yo! ¡Que lo sepan todos! ¡Que lo sepan toooo…

¡Cataplum! Por **abrir** la boca, la rana **azotó** en un pantano lodoso. En realidad, tuvo mucha suerte, porque no le **sucedió** nada. Cuando **brincó** a la superficie **encontró** a un grupo de ranas que sorprendidas la **veían**. La rana les **platicó** cómo ella siempre **quiso** conocer el mundo, y cómo **planeó** una manera maravillosa de viajar con los patos.

Al día siguiente, Cecilia y Alejandra comentaron el problema que habían tenido con el libro que llevaron a casa. Trataron de explicarse mutuamente cuál era la causa de la falta de palabras, pero no lograban ponerse de acuerdo; por eso decidieron platicarle a la maestra lo sucedido.

La maestra las escuchó con mucha atención y cuando terminaron de explicarle todo, ella se quedó pensando por un momento, parecía recordar algo.

—Creo que el año anterior, a otro niño le ocurrió algo semejante cuando leyó ese libro.

Luego, les preguntó:

—¿Leyeron la primera página del libro?

—No —contestaron las dos niñas.

—Entonces, traigan los libros y leamos juntas esa primera página, creo que ahí había una información importante.

Así fue como encontraron la clave de la misteriosa desaparición de las palabras, porque en esa página decía:

Advertencia

A los lectores de este libro, no importa si son niñas o niños, jóvenes o adultos, les aviso que en estas páginas se ha colado un personaje intruso, al que le gusta robar palabras de todos tipos: sustantivos, adjetivos, verbos o cualquier otra que se le ocurra.

Seguramente ese personaje es un   muy pillo. Si alguna vez logran atraparlo, por favor envíenlo a esta dirección: Calle   núm. 66. Colonia Las   . C.P. 06666.

Ahora que si no pueden atraparlo, no se preocupen, estoy seguro de que ustedes encontrarán siempre alguna solución para leer los cuentos de este libro.

Atentamente

Su amigo el autor

—Pues sí que es interesante explorar los libros que leemos, porque en cada una de sus páginas podemos encontrar información importante —dijeron las niñas. Entonces empezaron a discutir sobre las palabras que faltaban en la advertencia.

Y así terminó la divertida aventura de Cecilia y Alejandra con el libro misterioso.

LECCIÓN 2

Un día de campo

Texto: PRONALEES

Ilustraciones: Gloria Calderas

El domingo pasado mis papás y mis tíos organizaron un día de campo en un lugar cercano a las Lagunas de Zempoala. Todo el día nos divertimos mucho y al atardecer, mientras mis papás y mis tíos arreglaban todas las cosas para regresarnos, mi hermanito, mis primos y yo nos pusimos a jugar a las escondidillas. Yo me escondí entre unas piedras y de pronto sentí un dolor espantoso.

—¡Ayy! ¡Ayy! ¡Mamá, mamá! —grité.

Mi mamá se acercó corriendo.

—¿Qué te pasa, Gabriela? —preguntó asustada.

—Me picó una avispa —contesté llorando.

—¿Dónde?

—Aquí... en la mano.

—Cálmate, mi amor, no llores, primero voy a sacarte el aguijón y después te pondré unos hielos para que no te duela.

Al poco rato me tranquilicé, recogimos todo y regresamos a casa.

—¿A ver tu mano, Gaby? Mmm... sigue muy inflamada —dijo mi mamá—. ¿Te duele?

—Sí, un poco —contesté.

Inmediatamente mi mamá fue a la cocina y machacó una planta, hasta formar una especie de masa que me puso en la mano.

—¿Qué haces, ma? —le pregunté.

—Te estoy poniendo guaco.

—¿Guaco?… ¿Qué es eso?

—Es una planta muy buena que sirve para desinflamar y quitar el dolor.

—¿Y eso cómo lo supiste?

—¡Uhh…! cuando yo era niña tu abuela Alicia siempre nos ponía guaco para aliviar las picaduras de avispas o arañas. Y da muy buenos resultados.

Al otro día cuando desperté, observé mi mano y sólo tenía un puntito rojo en donde me había picado la avispa. Ya no me dolía ni estaba hinchada, así que me fui muy tranquila a la escuela.

Cuando la maestra nos preguntó qué habíamos hecho el fin de semana yo platiqué lo que me había pasado en el día de campo.

—¡Pobre de ti, Gabriela! ¡Esos piquetes duelen muchísimo! ¿No se te hinchó?

—Sí, pero mi mamá me puso en la mano una planta con un nombre raro y me ayudó mucho.

Entonces la maestra nos explicó que existen varias plantas que tienen propiedades curativas. Y después de platicar un rato sobre ese tema, nos dijo que sería interesante hacer una investigación sobre las plantas y que para ello nos proponía ir al Jardín Etnobotánico de Cuernavaca, en Morelos. Nos comentó que es uno de los más importantes del mundo, porque tiene una gran colección de plantas curativas y allí está también el Museo de Medicina Tradicional y Herbolaria.

Entusiasmados aceptamos y así, la siguiente semana, fuimos a conocer el Jardín Etnobotánico.

Primero entramos al museo.
Ahí aprendimos que los antiguos
habitantes de México sabían mucho
sobre las plantas y sus propiedades
curativas. Las cultivaban en bellos
jardines y huertos.

También aprendimos que cuando
los conquistadores españoles
llegaron a México, se admiraron
de la cantidad de plantas medicinales
que se vendían en los mercados.
Tiempo después algunos médicos
españoles se interesaron tanto que le
pidieron a los indígenas conocedores
de las plantas que les explicaran

cómo usarlas. Un traductor
se encargaba de redactar las recetas
que los indígenas describían, al mismo
tiempo que un grupo de dibujantes
hacía ilustraciones
de las plantas. Con este
método se escribió el
códice De la Cruz-Badiano.
Este conocimiento
también se fue
transmitiendo en forma
oral de generación en generación,
y por eso en México existen hasta
nuestros días personas que saben
tanto sobre las plantas y sus usos.

Cuando acabamos de recorrer el museo salimos al jardín. Es un gran espacio con andadores y jardineras llenas de plantas distintas, algunas de las cuales son medicinales, otras de ornato y muchas de ellas también se usan para cocinar.

Las colecciones del jardín han ido creciendo con ayuda de hierberos, biólogos, antropólogos y amas de casa; además, las personas que ahí trabajan son especialistas que colectan, investigan, cuidan las plantas y difunden su gran valor e importancia cultural.

De regreso a nuestra escuela la maestra nos dijo:

—Les propongo que cada uno de ustedes investigue los diferentes usos de cinco plantas.

Yo había aprendido tanto y estaba tan contenta que, llegando a mi casa, comencé a hacer mi trabajo. Quedó tan bien que la maestra me felicitó.

Esto fue lo que expuse...

Gabriela López Méndez, *Cuarto grado*
Escuela Benito Juárez

Cinco plantas y sus diferentes usos

En México existen muchas plantas. En cada estado de la República Mexicana se nombran y se utilizan de diferente forma, algunas veces se usan como plantas medicinales, otras para la decoración y algunas como condimento.

Cempasúchil o flor de muerto

Es una planta mexicana con flor amarilla.

Diferentes usos:

En las celebraciones. Se utiliza para adornar las ofrendas y las tumbas el Día de Muertos.

Como planta medicinal. Sirve para aliviar la tos, el dolor de muelas, la conjuntivitis y el empacho.

Otros usos. Se utiliza como fumigante natural.

Naranjo

Es un árbol originario de Asia. Sus flores son de color blanco y amarillo. Su fruto, la naranja, es muy sabroso.

Diferentes usos:

Como planta medicinal. Las flores son sedantes. Las hojas digestivas y sedantes.

Como alimento. El fruto es rico en vitaminas (especialmente en vitamina C) y en sales minerales. Con él se pueden preparar diferentes platillos, ensaladas y postres.

Otros usos. El fruto se utiliza en productos cosméticos como hidratante para la piel.

Manzanilla

Es una planta frondosa y rastrera, con flores de pétalos blancos y centro amarillo. Se reproduce fácilmente y se encuentra en campos, caminos o prados.

Diferentes usos:

Como planta medicinal. Es muy buena para la digestión. Se utiliza generalmente para dolores de estómago y cólicos. También es auxiliar en el tratamiento de la conjuntivitis y la inflamación muscular.

Otros usos. Se utiliza en productos cosméticos como cremas, jabones y lociones para pieles delicadas.

Guayabo

Es un árbol originario de México. Su tronco es de color café grisáceo, con hojas ovaladas y gruesas. Sus flores son blancas y su fruto es muy conocido y saboreado por todos.

Diferentes usos:

Como planta medicinal. Ayuda a combatir la diarrea y las lombrices en el estómago.

Como alimento. Los frutos son ricos en vitamina C. Con ellos se pueden preparar aguas frescas y diferentes postres como helados y ates.

Otros usos. Se utiliza en productos cosméticos contra la caída del cabello.

Maíz

Es una planta originaria de México. Su fruto es una mazorca cubierta por hojas largas y sobrepuestas.

Diferentes usos:

Como planta medicinal. Los cabellos del elote son diuréticos y ayudan a eliminar los cálculos biliares y renales.

Como alimento. Los granos de maíz se utilizan para preparar tortillas, tamales, atole, y muchos alimentos más.

Casi todos los compañeros presentaron informes interesantes. Con ellos formamos un libro de plantas y sus usos.

A los papás les gustó tanto que con frecuencia lo piden prestado a nuestra biblioteca.

LECCIÓN 3

Los buenos vecinos

Texto: John Patience (adaptación)
Ilustraciones: Irina Botcharova

A1 final de una calle había dos casitas colindantes, en una vivía una bruja y en la otra un mago que, a decir verdad, nunca se habían llevado bien; bueno, para ser más exactos, siempre estaban peleando. La bruja estaba todo el tiempo preparando pociones que producían un olor pestilente y, de alguna manera, los malos olores siempre terminaban por llegar a la casa del mago.

Una mañana, el mago notó en el ambiente un olor más desagradable de lo habitual. Salió y vio a la bruja, que estaba en su jardín recogiendo un montón de porquerías. "Seguramente con ellas está preparando uno de sus horribles brebajes", pensó el mago. Se asomó por encima de la cerca y gritó:

—¡Mira! Hay un pequeño caracol ahí, y un gusano muy jugoso y, ¡madre mía!, ¡que no se te olvide llevarte esa estupenda rana!

—Guárdate los comentarios para ti, viejo tonto —se defendió la bruja, ofendida.

—En ese caso, guárdate los malos olores para ti —respondió el mago.

—¡Viejo murciélago! —contestó a su vez la bruja.

—¿Viejo me has dicho? Por lo menos yo no tengo a la gente en vela toda la noche, como tú, proclamando hechizos a los cuatro vientos y bailando como gusano en comal caliente.

—De todas formas, eres un mago inútil, para que lo sepas, y no serías capaz de salvar tu propia vida con uno de tus conjuros.

—Eso ya lo veremos —dijo el mago enojado—. Eso ya lo veremos.

El mago estuvo estudiando sus libros de hechizos toda la noche, pues hacía muchísimo tiempo que no encantaba a nadie. En realidad se ganaba la vida quitándole a la gente verrugas de la punta de la nariz y cosas por el estilo. Pero ahora estaba buscando algo de veras sorprendente, algo muy especial, hasta que al final lo encontró.

A la mañana siguiente, la bruja estaba en el mismo lugar en el que la había visto el día anterior. El mago caminó hasta la cerca y dijo:

—Conque no podía hacer un hechizo para salvar mi propia vida, ¿eh? ¡Mira esto!

Y empezó a cantar algo así:

Mumbo jumbo, de arriba abajo.
Taco retaco, yo no soy malo.
Mira hacia atrás, y verás qué regalo.

Entonces, en un dos por tres, el jardín de la bruja se convirtió en una selva tropical; y su gato, que estaba jugando con un ratón, se transformó en un hipopótamo. Ante esto, la bruja se enfureció tanto que movió su varita mágica mientras gritaba un extraño hechizo; la barba del mago se volvió así de color verde y sus orejas se hicieron grandes y peludas como las de un burro. Después, hinchándose como un globo, el mago se elevó y flotó por el aire.

Éste fue el comienzo de una guerra mágica y pronto se estuvieron lanzando todo tipo de hechizos el uno al otro.

Primero la escoba de la bruja se incendió; después la silla del mago empezó a saltar como un canguro. Poco después una plaga de extrañas criaturas entró por la chimenea y picoteó a la bruja…

Como esta situación no podía durar toda la vida, tanto la bruja como el mago decidieron, cada uno por su cuenta, idear el mejor hechizo que pudieran.

—Esa arpía se va a enterar de lo que soy capaz —afirmó el mago.

—Le voy a dar una lección a ese viejo terco —dijo entre dientes la bruja.

Y mientras el mago rebuscaba en sus libros intentando encontrar el mejor de los hechizos, la bruja echó todo lo que encontró en su hirviente caldero.

A la mañana siguiente, el mago salió a su jardín y, estirando los brazos en dirección a la casa de la bruja,

empezó a recitar el terrible hechizo que había preparado:

Todas las cosas negras y oscuras,
cosas mugrientas y escurridizas.
Dolor de muelas, ruido de tripas,
paperas, verrugas y agruras.
Mala gente, indeseable y terrible,
del mundo desaparece, desaparece.
Vete mala gente, esfúmate
y que nunca vuelva a verte.

Según hablaba, empezó a salir humo de las manos del mago. La bruja comprendió que debía apresurarse.

Sacó de su vestido una botella que contenía su poción mágica y se la arrojó al mago.

—¡Magia, que se vea tu poder! —gritó.

Las dos fuerzas mágicas se encontraron en el aire y, con un crujido y un fogonazo de luz, apareció ante ellos un terrible monstruo de garras enormes y una boca llena de grandes dientes amarillos. El monstruo rugió, pisoteó la cerca y persiguió a la bruja y al mago sin cesar hasta que, agotados e imaginando que en cualquier momento se los iba a tragar, cayeron de rodillas.

—Perdón —gimió la bruja—. Todo ha sido culpa mía.

—No, no. Ha sido mía —dijo el mago—. Perdón.

—Perdón, perdón, perdón. ¿Has dicho perdón? —vociferó el monstruo poniéndose horriblemente pálido.

—Sí, exactamente, eso he dicho —gritó el mago dándose cuenta de que acababa de descubrir la palabra mágica.

—¡Perdón, perdón, perdón! —exclamaron la bruja y el mago al unísono mientras se abrazaban y se echaban a bailar.

Entonces, el monstruo empezó a temblar descontroladamente y con tal violencia que se deshizo hasta convertirse en un montón de polvo.

Desde aquel día, la bruja y el mago se hicieron muy buenos amigos. Ahora se visitan a menudo para tomar una taza de café e intercambiar hechizos.

Las aventuras

de Lía y Joel

Texto: Miguel Ángel Tenorio
Ilustraciones: Julián Cicero Olivares

LECCIÓN 4

Lía y Joel no habían podido salir de su casa debido a las fuertes lluvias de los últimos días.

¡A comer!
¡Lía y Joel, pongan la mesa!

Corte
informativo...

Los damnificados
de la costa veracruzana
ya no tienen comida.

Afortunadamente
se están abriendo más centros
de acopio, para que todos puedan
llevar víveres.

De la cocina, doña Lupe le trajo a Lía unas bolsas de arroz y frijol, y a Joel, leche en polvo.

Nosotros podemos
ayudar con esto. Después de comer
lo llevaremos.

En el centro de acopio, Lía y Joel entregaron los víveres al encargado.

Lo bueno es que ya se juntaron muchas cosas. El problema es que ahora no hay suficientes camiones para llevarlas.

Lía pensó en el camión de carga que tenía su papá.

Mi papá puede llevar las cosas, Joel.

Durante la cena, los niños le platicaron a su papá el problema.

Pensamos que tal vez tú podrías llevar víveres a los damnificados. ¿Qué dices, papá?

No, porque tengo que hacer una mudanza a la capital.

¿Qué tal si el compadre Nacho hace la mudanza en su camión y tú ayudas a los damnificados?

Di que sí. Di que sí.

Mmm... Creo que es buena idea.

¡Bien, papá! ¿Cuándo vamos a llevar la ayuda?

Vamos es mucha gente. Ustedes tienen que ir a la escuela. Y además puede ser peligroso.

Pedro, yo creo que es importante que los niños aprendan a ayudar a los demás. Y yo también quiero participar.

Ay, Lupe, tú siempre me convences. Vamos todos, pues.

En la madrugada, el camión de don Pedro llegó al centro de acopio, donde el encargado le entregó una lista.

Las cajas van llenas de latas de leche en polvo, paquetes de arroz y frijol, y medicamentos. Buen viaje.

Después de varias horas de camino, don Pedro y su familia tuvieron que detenerse porque un tramo de la carretera estaba totalmente destruido.

Patrón, el camión no pasa. Sólo se puede ir a pie.

Caray, es que llevamos víveres para los damnificados.

Podemos ir al pueblo a pedir ayuda.

Los pobladores regresaron con muchos voluntarios que formaron una gran cadena humana, y así lograron pasar los víveres a otro camión. Sin embargo, el chofer del camión se lastimó mientras ayudaba a cargar las cajas.

Oiga, amigo, ¿podría manejar usted mi camión? Mire nomás cómo quedé.

Claro, no se preocupe

Así, don Pedro, doña Lupe, Lía y Joel, prosiguieron el camino hacia la costa.

La jornada había sido agotadora. Lía y Joel sintieron mucho sueño y se quedaron dormidos entre las cajas de víveres y medicinas.

Ay, viejo, creo que tengo ganas de ir al baño.

Mira, allá hay una gasolinera.

Pero mientras doña Lupe y don Pedro iban al baño, dos ladrones se acercaron al camión.

Ahora nosotros venderemos esta mercancía.

¡Se roban el camión!

¡Mis hijos!

Al poco rato, empezó a salir humo del motor.

Ya se calentó esta cochinada.

Hay que buscar agua.

Joel aprovechó que los ladrones se alejaban para bajar del camión.

Échame aguas.

¿Qué vas a hacer?

Le voy a quitar el cable que va de la bobina al distribuidor.

Los ladrones regresaron con el agua, pero no pudieron arrancar el camión.

Esta cochinada no sirve.

Vamos a bajar las cajas.

¿Oyes? Un camión se acerca.

Vamos a escondernos.

En un camión de redilas llegó una multitud junto con don Pedro y doña Lupe.

Ahí están.

¡Ésos son los ladrones!

Joel salió del camión con el cable y se lo entregó a don Pedro.

Mira, papá, le quité este cable al camión para que no pudiera arrancar.

Bien hecho, Joel.

¡Ay, qué bueno que están bien!

Sí, estamos bien, pero hay que apurarse. En la costa nos esperan.

Sin perder más tiempo, la familia prosiguió su camino hacia la costa.

Por fin, al amanecer...

Gracias, llegan muy a tiempo.

Qué bonito es poder ayudar.

Solos no habríamos podido.

Sí, sin la ayuda de todos los que colaboraron no habríamos llegado nunca hasta acá.

Don Pedro al volante, con doña Lupe, Lía y Joel a su lado, iniciaron el camino de regreso a casa.

Es como en el futbol, ¿verdad, papá? Hay que trabajar en equipo.

Claro.

¡Miren!

LECCIÓN 5

Entrevista a un bombero

Texto: PRONALEES

Ilustraciones: Ricardo Radosh

Hace unos días, el maestro nos pidió que, en equipos de tres, realizáramos una entrevista a personas que trabajaran en servicios públicos. Después teníamos que redactar la entrevista y exponerla en clase ante nuestros compañeros. Juana, Elena y yo, Alfredo, nos pusimos de acuerdo con el comandante de los bomberos para entrevistarlo, y éste fue el resultado de nuestro trabajo:

Juana:
Buenos días, comandante Vázquez, le agradecemos
que haya aceptado la entrevista.

Comandante Vázquez:
Buenos días, muchachos, me da mucho gusto que se interesen por nuestro trabajo.
Díganme, ¿qué es lo que les gustaría saber?

Elena:
¿Cuándo decidió dedicarse a este oficio?

Comandante Vázquez:
Pues miren, cuando tenía unos nueve o 10 años, más o menos la edad que tienen ustedes ahora. Una tarde estaba jugando con unos amigos que llegaron de visita.   De pronto vimos que salía mucho humo de la casa de los vecinos y corrí a avisarle a mi papá. Inmediatamente él llamó por teléfono a los bomberos. Todos los vecinos salieron a la calle y querían ayudar, pero no pudieron, porque las llamas ya habían cubierto la puerta de entrada.

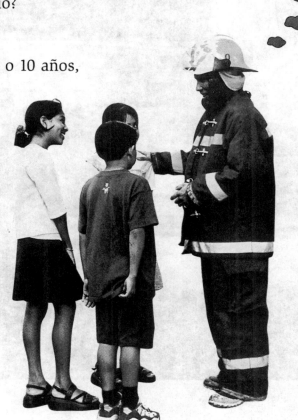

Al poco tiempo llegaron los bomberos y empezaron a trabajar. Unos echaban agua, mientras otros entraban en la casa a rescatar a los vecinos. Afortunadamente actuaron tan rápido que nadie salió herido de gravedad. Desde ese día supe que quería ser bombero.

Alfredo:
Los bomberos tienen un trabajo muy peligroso, ¿no le parece?

Comandante Vázquez:
Pues sí, pero también sentimos una gran satisfacción cuando salvamos a alguien o cuando ayudamos a resolver una situación difícil, pues no sólo nos dedicamos a apagar incendios de casas y edificios...

...sino que acudimos en caso de incendios de bosques, explosiones y accidentes automovilísticos.

También asistimos a llamados de emergencia
cuando se producen inundaciones...

...cuando algunos animales
están en peligro...

...o cuando algo pone en riesgo
la vida de las personas.

Juana:
¿Cuáles son los llamados de emergencia más frecuentes?

Comandante Vázquez:
Pues en realidad son de origen muy variado, pero entre los más frecuentes están las fugas de tanques de gas que, si no se atienden a tiempo, pueden provocar la intoxicación de personas y animales o hasta explosiones.

Las llamadas de auxilio por este tipo de problemas generalmente provienen de casas o edificios, aunque también hemos atendido emergencias de camiones repartidores.

Elena:

¿Y usted ha estado en muchas de estas situaciones difíciles?

Comandante Vázquez:

¡Imagínense! Después de casi 20 años de servicio.

Alfredo:

¿Nos podría contar algunas que recuerde?

Comandante Vázquez:

Yo creo que los bomberos recordamos cada una de las emergencias en que hemos ayudado, porque nuestra vida también se pone en riesgo. Pero sí, hay algunas experiencias que tengo más presentes. Recuerdo bien cuando nos avisaron que un edificio de 10 pisos se estaba quemando. Era de madrugada, así que las personas que allí vivían se encontraban dormidas cuando comenzó el incendio. El fuego había comenzado en la planta baja, pero cuando llegamos las llamas ya habían alcanzado por lo menos siete pisos. Logramos sacar a muchas de las personas cubriéndolas con mantas húmedas. Algunas, por inhalar tanto humo, se estaban intoxicando.

A otras, que vivían en el segundo y el tercer nivel, las rescatamos usando las escaleras que traemos en nuestros carros.

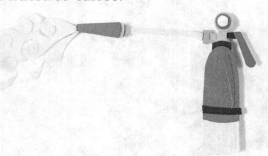

A las que estaban atrapadas en los pisos superiores, las guiamos hasta la azotea para rescatarlas con ayuda de un helicóptero de servicio social que nos asistió.

Juana:
Entonces, ¿nadie perdió la vida?

Comandante Vázquez:
Afortunadamente pudimos salvarlos a todos. Aunque algunos compañeros sufrieron quemaduras de tercer grado. Yo también resulté herido mientras rescataba a un niño, que después de ocho años todavía me visita, junto con su mamá. Dice que él también quiere ser bombero.

Elena:
Yo pensaba que con sus trajes de bomberos estaban protegidos totalmente.

Comandante Vázquez:
Casi toda la gente lo cree, pero no es así. A pesar de que nuestros trajes, botas y guantes están hechos con fibras especiales que resisten altas temperaturas, nuestro cuerpo es el que no las soporta. Lo mismo sucede con el casco: resiste muchas toneladas de peso, pero si cayera algo muy pesado sobre nosotros nuestro cuello no lo aguantaría.

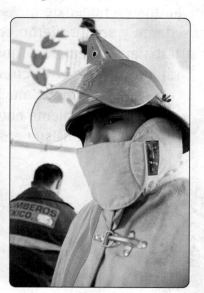

Alfredo:

Pues nunca había pensado en eso, pero es verdad. Y acerca de otro tipo de emergencias, ¿nos podría contar algo?

Comandante Vázquez:

Tuve una experiencia muy especial cuando un circo visitó la ciudad. Venía con toda la caravana de camiones y trailers, con las carpas, escenografías, vestuario y remolques con las jaulas de los animales. Circulaba de noche por una carretera muy angosta y en malas condiciones, y resultó que ya muy cerca de la ciudad tuvieron un accidente: el remolque que llevaba la jaula donde viajaban dos tigres cayó en una zanja y se volteó.

Una persona que vio el accidente llamó a la base, nos dio la ubicación y fuimos inmediatamente. En cuanto llegamos nos acercamos para confirmar que los dos animales se encontraran bien, pero ¿cómo íbamos a sacarlos de allí sin lastimarlos y sin que ellos lastimaran a alguien? Porque todos sabemos que esos animales son feroces por naturaleza, pero en este caso también estaban aturdidos por los golpes y muy nerviosos, lo que aumentaba su peligrosidad; debíamos tener mucho cuidado y resolver cómo sacarlos sin que nadie resultara herido.

Después de mucho pensar en estrategias para sacarlos, decidimos llamar a un médico veterinario para que, por medio de una pistola especial, les inyectara un sedante a los animales. Luego de que se les administró el sedante y se durmieron comenzamos a trabajar. Lo teníamos que hacer rápido, porque el efecto del sedante no iba a durar mucho tiempo. El problema entonces consistía en sacar la

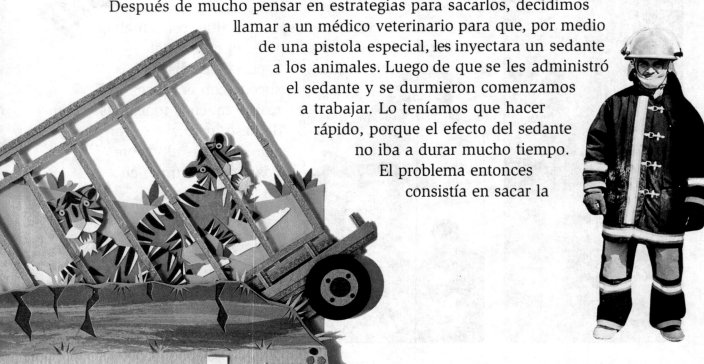

jaula de la zanja y, después, cambiar a los animales a otra jaula vacía.

Pedimos ayuda a la policía de tránsito y vialidad para que nos prestaran una grúa de las que levantan automóviles pesados.

Cuando llegó la grúa, con mucho trabajo ensartamos el gancho de la polea en la jaula de los tigres y así pudimos sacarla del lugar. Después tuvimos que cortar los barrotes de la jaula, porque la puerta estaba doblada y no se podía abrir.

¡El tiempo se terminaba!

Una vez que quitamos suficientes barrotes para que cupiera un animal de ese tamaño, créanme que con miedo, entramos a la jaula varios bomberos. Con lonas hicimos unas hamacas para colocar a cada uno de los animales; la grúa los levantó y los pasó a la otra jaula.

Estábamos por terminar el trabajo cuando los animales comenzaron a despertar, pero ya no había peligro. Todo esto nos llevó una noche completa.

Así, finalmente, la caravana pudo seguir su camino. Unos días después empezaron las funciones para el público. Los dueños del circo nos regalaron boletos a los que habíamos intervenido en el rescate. Yo fui con mi familia y vi con mucho gusto el acto de los tigres.

En otra ocasión, unos pequeños insectos nos mandaron al hospital...

Juana:
¿De verdad?

Comandante Vázquez:
Claro. No hace mucho nos llamaron para avisarnos que en la barda de una casa había un enorme enjambre de abejas. La colonia de abejas ya no se limitaba al panal principal, sino que se había extendido a los huecos de las bardas cercanas.

Para retirar el panal, primero tratamos de ahuyentar a las abejas
con agua jabonosa, como normalmente lo hacemos.
Entonces unos compañeros que se unieron
a la operación para ayudarnos, pero que
no llevaban el equipo necesario para estos
casos, fueron atacados por cientos de abejas;
los picaron en la cara y las manos.

Tuvieron que llevarlos al hospital
para ser atendidos y estuvieron
ahí por varios días.

Elena:

De verdad ustedes son unos héroes.
Muchas gracias por aceptar nuestra entrevista.

Comandante Vázquez:

Al contrario, muchachos, fue un placer conocerlos y espero
que repitan la visita. Ustedes pueden ayudarnos mucho en nuestra
labor previniendo accidentes.

LECCIÓN 6

Gulliver en Liliput

Texto: PRONALEES *(versión libre de la obra de Jonathan Swift)*
Ilustraciones: Claudia Legnazzi

La furia del viento arrojó el barco contra la roca; se estrelló con tanta fuerza que comenzó a hundirse...

¡Todos a los botes salvavidas!

¡Sálvese quién pueda!

¡Auxilio!

De la numerosa tripulación, solamente seis hombres lograron subir en un bote, entre ellos Gulliver. Remaron aproximadamente tres leguas...*

Mejor dejemos que nos lleven el viento y la marea.

¡Por más que remamos no es posible gobernar el bote!

¡Ya no puedo más, estoy agotado!

*Legua: medida equivalente a 5.5 km.

Hora y media más tarde, una repentina ráfaga de viento proveniente del norte volcó el bote.

¡Cuidado!

¡Ayyy!

¡Aghh!

El bote se hundió y el único sobreviviente fue Gulliver. Después de nadar varias horas llegó agotado a la playa.

¡Cof, Cof! Por fin... tierra firme...

Gulliver estaba tan cansado que se quedó profundamente dormido. Cuando despertó estaba atado y cientos de hombrecillos lo rodeaban.

¡Ohh! ¿Qué pasa? ¿Quiénes son ustedes?

¡Tolgo Phonac!

¡Hekinah Degul!

Con gran desesperación Gulliver logró zafar un brazo, y los hombrecillos aterrados comenzaron a dispararle cientos de flechas.

¡No disparen, por favor! Yo no quiero hacerles daño.

Los hombrecillos no comprendieron las palabras pero sí los gestos de Gulliver y le llevaron comida y agua.

¡Cuánta comida!, voy a acabar con sus reservas.

Después de que Gulliver comió, lo subieron en una gran plataforma jalada por mil quinientos caballos diminutos.
Hicieron un largo recorrido durante todo el día y toda la noche.

Finalmente llegaron a un antiguo templo. La puerta era enorme para ellos, pero apenas lo suficientemente ancha para que Gulliver pasara acostado.

Ya en el templo sujetaron a Gulliver con cientos de cadenas. Los hombrecillos pensaban que se trataba de una criatura peligrosa.

Podría soltarme, pero no quiero asustarlos.

El emperador, con su corte, se presentó a conocer al gigante. Su caballo, asustado, relinchó. Los guardias confusos dispararon contra Gulliver.

¡Ah! Me han clavado una flecha cerca del ojo.

El emperador enojado por la reacción de los guardias, ordenó que los amarraran.

Gulliver vio que era un castigo demasiado severo, así que soltó sus ataduras y dejó en libertad a los guardias. La gente que lo observaba se quedó sorprendida de su bondad.

No les haré daño, quiero ser su amigo.

Desde entonces miles de personas iban a conocerlo. Poco a poco todos le tuvieron confianza y se hicieron sus amigos. A los niños, por ejemplo, les encantaba bailar sobre las manos del Hombre Montaña.

Comprendieron que, aunque gigante, Gulliver era inofensivo. Entonces el emperador anunció...

El Hombre Montaña ha demostrado ser generoso, por lo tanto, lo liberaremos.

Pusieron a varias personas a su servicio, le llevaban de comer y le enseñaban el idioma.

Le haremos un nuevo traje Hombre Montaña.

¡Muchas gracias!

Unos días después...

Aceptamos que vivas en la isla de Liliput, pero tendrás que hacer un juramento, así como firmar y cumplir este reglamento.

Haré todo lo que me pidan.

Reglamento

1. **El Hombre Montaña no abandonará el país sin autorización.**
2. **No entrará en la capital sin avisar con dos horas de anticipación, para que los vecinos puedan ponerse a salvo en sus hogares.**
3. **Sólo pasará por las carreteras más anchas, sin pisar el césped ni las flores ni a los súbditos.**
4. **No tomará a nadie en sus brazos sin previo consentimiento.**
5. **En caso necesario, llevará nuestro correo en su bolsillo.**
6. **El Hombre Montaña se compromete a ser nuestro aliado contra nuestros enemigos de la isla de Blefuscu.**
7. **En sus ratos libres ayudará a los obreros, levantando piedras muy pesadas.**
8. **En el plazo de dos días, recorrerá los límites de nuestro reino, para medirlo, contando sus pasos como unidad de referencia.**
9. **El Hombre Montaña recibirá, diariamente, alimento equivalente al consumo de 1724 personas, y tendrá libre acceso hasta el emperador.**

Yo, Hombre Montaña, acepto cumplir con el reglamento.

Gulliver

Hecho el juramento pidió permiso para pasear por la capital de Liliput, tuvo que caminar con cuidado de ver por dónde pisaba.

Pasa, Hombre Montaña.

Gulliver vivía contento en Liliput. Sin embargo, un día el emperador, preocupado, lo mandó llamar.

Gulliver, desde hace mucho tiempo tenemos problemas con la vecina isla de Blefuscu, y ahora está lista para invadirnos. ¡Te pido que nos ayudes!

Con mucho gusto, emperador.

Entonces Gulliver ideó un plan para evitar dicha invasión. Y nadó hasta llegar donde estaba la flota enemiga.

¡Auxilio, viene el Hombre Montaña de Liliput!

No permitiré la invasión.

Aunque los blefusquianos intentaban defenderse disparándole flechas, Gulliver amarró las naves enemigas y las remolcó hasta Liliput.

¡Abandonen los barcos, sálvese quien pueda!

Fue recibido por el emperador y todo el pueblo de Liliput. Era una gran victoria y estaban agradecidos.

¡Gracias, Hombre Montaña! Desde ahora Blefuscu estará a nuestro servicio.

¡Viva el Hombre Montaña!

Emperador, una cosa fue evitar la invasión a Liliput, y otra muy diferente sería esclavizar al pueblo de Blefuscu.

¡No me contradigas, Hombre Montaña!

Emperador, debo insistir...

Gracias a Gulliver, Liliput y Blefuscu firmaron la paz. Pero el emperador de Liliput no estaba convencido del arreglo.

¡Hmmm!

Nosotros, como embajadores de Blefuscu le agradecemos haber impedido esta guerra, que habría costado muchas vidas.

Debemos vivir en paz y evitar la violencia.

Al poco tiempo...

Como eres mi amigo debo advertirte que el emperador está muy molesto por haberlo contrariado, y quiere acusarte de traidor. ¡Es mejor que huyas!

¿Ése es su agradecimiento? ¡Gracias por avisarme!

Así, esa noche, Gulliver huyó. Nadó hacia Blefuscu para pedir ayuda al emperador de aquella isla.

El emperador de Blefuscu le dio la bienvenida y Gulliver le contó lo sucedido en Liliput.

...por eso, señor, le pido me reciba en su país.

Cuente con ello. ¡Siéntase en su casa!

A los pocos días de vivir en Blefuscu, Gulliver descubrió, cerca de la costa, el bote en el que había naufragado.

Al cabo de unos días de navegar a la deriva, un barco inglés rescató a Gulliver...

...y llegó de nuevo a casa, donde fue recibido por su familia con gran alegría.

LECCIÓN 7

Mi familia y la Bella Durmiente

Texto: Silvia Molina (fragmento)
Ilustraciones: Tania Janco

Mi papá

Mi papá usa uniforme y no es soldado, anda en motocicleta y no es oficial de tránsito, toca las campanas y los timbres de las casas y no es vendedor ambulante. Mi papá le tiene miedo a los perros de los demás; sin embargo, tenemos uno muy bravo que se llama Telegrama y ladra de gusto cuando lo ve llegar de uniforme, en su moto.

Mi papá es cartero y además de ser mi papá y el papá de Paco, es el esposo de mi mamá, el hijo de mi abuelita Lola, el hermano de mi tío José y el dueño del Telegrama, que lo sigue a todas partes moviendo de gusto la cola. Es quien arregla la plancha, le pone aceite a las puertas, lava las ventanas, pinta las paredes cuando lo necesitan... y nos lleva los domingos a pasear.

Mi papá se llama Simón y ayer, cuando regresó de su trabajo me entregó esta postal en clave, porque así nos ponemos recaditos en secreto:

Mi mamá

Mi mamá sabe poner inyecciones
y no es enfermera; le corta el pelo
a mi abuelita Lola y no es peinadora.
Mi mamá es costurera, y muy buena,
porque tiene muchas clientas.
Cuando tiene tiempo, le corta
vestidititos a mis muñecas.

Mi mamá, además de ser costurera,
hornea unos pasteles de manzana
muy ricos —mis favoritos—, canta
mientras trapea la cocina, le silba
a los canarios mientras les pone
alpiste, le hace cosquillas en la panza
al Telegrama y le da leche a la Carta,
mi gatita blanca; y es, claro,
la esposa de mi papá, la nuera de mi
abuelita Lola y la cuñada de mi tío
José, que nos lee cuentos mientras
mi papá llega del correo, mi mamá
prepara la cena y mi abuelita Lola
pone la mesa.

Mi mamá se llama María y no
la cambio ni por una reina, sobre
todo desde que mi tío José nos contó
el cuento de la hermosa reina
que se transformó en una bruja
horrible horrible.

Mi hermano Paco

Mi hermano Paco no es mayor
que yo y, tal vez por eso, se encarga
de todas las travesuras de la casa.
Es terrible, dice mi papá;
es desobediente, dice mi mamá; es
incontrolable, dice mi abuelita Lola;
y es muy simpático, dice mi tío José.

Y yo digo que mi hermano Paco es
también un buen hermano porque
se deja pintar como indio piel roja
si jugamos a los indios, lo siento en el
volante de la bici si vamos por el pan,
y le gusta hacer conmigo experimentos
de química con las cremas de mi
abuelita Lola y mi mamá, el jabón
de rasurar de mi papá y mi tío José,
y con la harina y el polvo de hornear
de los pasteles de mi mamá.

Mi hermano Paco puede ser
terrible, desobediente, incontrolable
o inquieto, pero sin sus travesuras
todos estaríamos muy aburridos,
dice mi tío José.

Mi abuelita Lola

Mi abuelita Lola ya no tiene papás:
es huérfana, la inocente; y ya no vive
su marido: es viuda, la pobrecita.
Mi abuelita Lola se llama Dolores,
pero no le duele nada. Mi abuelita
Lola, dice mi mamá, es una mamá
        respetuosa y una suegra
        tranquila; y yo digo
        que es una abuelita
        muy consentidora porque
        aunque ya soy grande,
me sienta en sus piernas y me arrulla
entre sus brazos, como si fuera
una bebita, con esta canción
que ella inventó:

Esta nieta mía,
de nombre María,
quiere que le cuente
cómo nació el día...
Esta nieta linda
que es mi consentida
quiere que le diga
que es la más querida.
A mi nieta chula,
la abrazo y le canto
que la quiero mucho,
como a nadie tanto...

Mi tío José

Mi tío José no es cartero como mi
papá; no vive con nosotros sino está de
visita por unos días: no se ha casado
porque no tiene novia; y no trabaja
en una oficina porque es escritor.

Mi tío José escribe novelas para
la gente grande como mis papás y
cuentos para niños como Paco y yo;
y vino a estar unos días con nosotros
porque le dieron un premio por un
libro que voy a leer cuando sea grande.

Cuando mi papá reparte las cartas
que todos esperan, mi mamá corta
las telas para los vestidos que cose,
y mi abuelita Lola está durmiendo
la siesta, mi tío José juega con
nosotros o nos lee cuentos.

Mi tío José es también mi maestro
de cuentos, porque si no se le hubiera
ocurrido a mi tío José que yo escribiera
este cuento, no lo estaría escribiendo; y
si no hubiera tenido la idea de poner
dentro de este cuento las cartas que
soñé y están aquí, no nos habríamos
divertido tanto él, mi hermano Paco
y yo, aprendiz de escritora de cuentos.

El día de mi cumpleaños, mi tío
José me mandó por correo este
cuento que él hizo así de pequeñito
para mí.

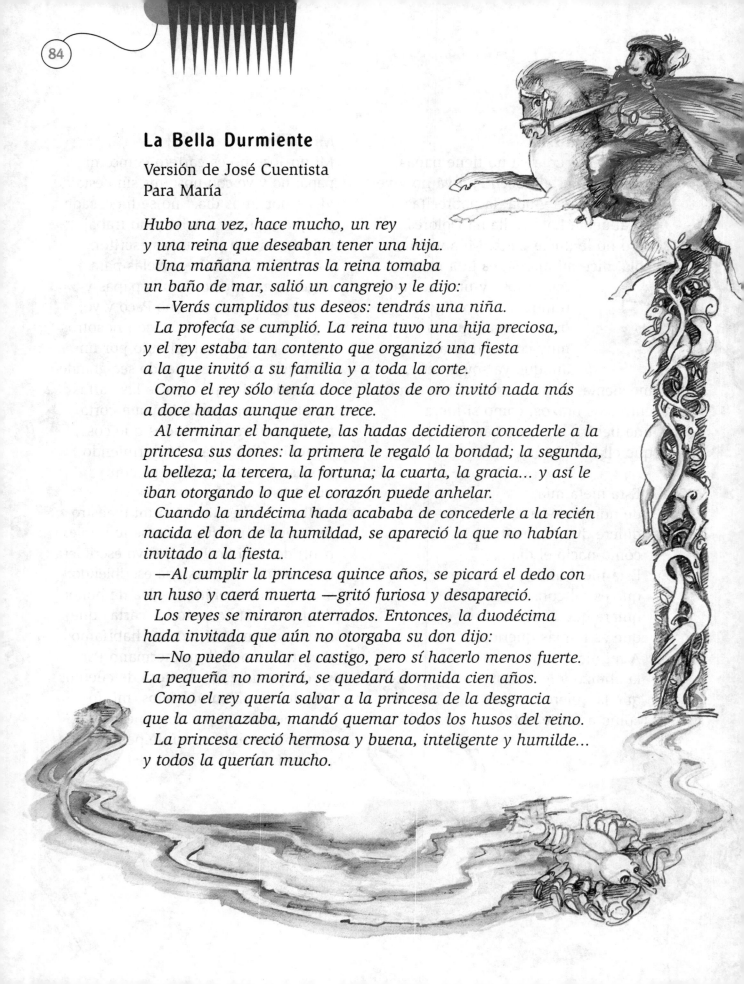

La Bella Durmiente

Versión de José Cuentista
Para María

Hubo una vez, hace mucho, un rey
y una reina que deseaban tener una hija.
Una mañana mientras la reina tomaba
un baño de mar, salió un cangrejo y le dijo:
—Verás cumplidos tus deseos: tendrás una niña.
La profecía se cumplió. La reina tuvo una hija preciosa,
y el rey estaba tan contento que organizó una fiesta
a la que invitó a su familia y a toda la corte.
Como el rey sólo tenía doce platos de oro invitó nada más
a doce hadas aunque eran trece.
Al terminar el banquete, las hadas decidieron concederle a la
princesa sus dones: la primera le regaló la bondad; la segunda,
la belleza; la tercera, la fortuna; la cuarta, la gracia... y así le
iban otorgando lo que el corazón puede anhelar.
Cuando la undécima hada acababa de concederle a la recién
nacida el don de la humildad, se apareció la que no habían
invitado a la fiesta.
—Al cumplir la princesa quince años, se picará el dedo con
un huso y caerá muerta —gritó furiosa y desapareció.
Los reyes se miraron aterrados. Entonces, la duodécima
hada invitada que aún no otorgaba su don dijo:
—No puedo anular el castigo, pero sí hacerlo menos fuerte.
La pequeña no morirá, se quedará dormida cien años.
Como el rey quería salvar a la princesa de la desgracia
que la amenazaba, mandó quemar todos los husos del reino.
La princesa creció hermosa y buena, inteligente y humilde...
y todos la querían mucho.

Pero poco después de cumplir los quince años, la princesa decidió explorar los lugares que no conocía del castillo. Recorrió salones y corredores secretos hasta que llegó a una antigua torre. Subió por una escalera de caracol y encontró una puerta que tenía una llave de oro en la cerradura.

Abrió la puerta y encontró a una viejecita que hilaba lino.

—Buenos días, abuelita —dijo—. ¿Qué haces?

—Estoy hilando —contestó.

—¿Qué es eso que rueda? —preguntó mientras tomaba el huso.

Apenas lo había tomado, se picó el dedo y cayó dormida.

En ese instante, todos se quedaron dormidos en el castillo: los caballos en el establo, los perros en los patios, el fuego que llameaba en la cocina...

La carne dejó de dar vueltas en el asador, la cocinera se quedó con la mano extendida hacia un niño, la criada no terminó de desplumar a la gallina que iba a guisar la cocinera, el viento se adormeció.

Alrededor del castillo empezó a crecer y crecer un seto de espinos que terminó por ocultarlo a la vista de todos.

Por todas partes corrió la leyenda de la hermosa princesa a quien llamaban la Bella Durmiente del Bosque.

Muchos príncipes intentaron atravesar el seto.

Pasaron cien años cuando llegó hasta el seto de espinos el hijo de un rey. Apenas tocó las espinas, se transformaron en rosas y le abrieron paso para que llegara hasta el castillo.

El príncipe caminó y caminó viendo a toda la corte dormida, hasta que por fin llegó a la torre donde estaba la princesa.

El joven príncipe no pudo resistir darle un beso a esa joven tan hermosa. En cuanto la besó, despertó la Bella Durmiente y miró al príncipe enamorada.

En ese instante, el rey, la reina y toda la corte despertaron.

La Bella Durmiente y el príncipe celebraron sus bodas con una gran fiesta a la que asistió todo el mundo y fueron muy felices el resto de sus vidas.

Yo

Como ya dije, yo no soy todavía escritora; soy, nada más, aprendiz de escritora; y no me llamo Dolores como mi abuelita Lola sino María como mi mamá. Mi papá me dice Mariquita, mi mamá Maritonga —no sé por qué, pero así me dice cuando está contenta—, y mi hermano Paco me dice Mari si quiere pedirme algún favor.

Tengo 11 años, y aunque no me gustan las matemáticas, saqué las cuentas siguientes: tengo tres años más que mi hermano Paco, 26 menos que mi papá, 24 menos que mi tío José; y como a mi mamá y a mi abuelita Lola no les gusta decir su edad, calculo que tengo como 25 menos que mi mamá y como siete u ocho docenas menos que mi abuelita Lola porque aunque no le duele nada, ya está vieja la pobrecita.

Mi mamá dice que soy floja para levantarme y que me quejo mucho cuando me peina; y sí es cierto porque me gusta estar calientita en la cama y me jala horrores cuando me desenreda el pelo. Mi papá dice que soy muy curiosa porque me gusta estar en todo; y es cierto, me gusta estar en todo menos en la clase de matemáticas porque tenemos que resolver problemas que nunca suceden en la vida diaria.

Mi abuelita Lola opina que me gusta jugar con el agua y yo digo que sí y que no, porque lo que me gusta en realidad no es jugar con el agua sino bañar al Telegrama, el perro de mi papá, y a la Carta, mi gatita blanca.

Mi tío José dice que soy inteligente y que a lo mejor voy a ser escritora; y yo quisiera, de veras, que fuera a decirle (lo más pronto posible) a mi profesora de matemáticas que soy inteligente y que nos ponga otra clase de problemas.

LECCIÓN 8

Cartas a un gnomo

Texto: Margarita Mainé (adaptación)
Ilustraciones: Ana Laura Salazar

Desde que mis papás se separaron, en casa somos tres. Al principio nos quedaba grande, pero desde que mi hermano dejó de ser un bebé la llenó de gritos y pelotazos.

Yo tengo siete años y ya sé comportarme como la gente.

Fue una verdadera sorpresa volver a ser cuatro.

Todo empezó una noche. Mamá nos trajo un chocolate a cada uno para el postre. Yo me lo comí enseguida, pero mi hermano esperó a que se me terminara.

Entonces empezó a saborear el suyo muy despacio.

Traté de ignorarlo, pero al ratito caí en su trampa y le dije:

—¿Me das un pedacito?

—No, ya te comiste el tuyo.

No le bastó con hacerme sufrir de noche, sino que decidió dejar el último pedazo para el día siguiente.

"Mejor", pensé, "quizás medio dormido pueda convencerlo de que el que come y no convida tiene un sapo en la barriga".

Por la mañana el chocolate ya no estaba.

Nos miramos con desconfianza durante el desayuno. Mamá, muy seria, me preguntó:

—Clarisa, ¿fuiste tú?

Aunque le juré que no había sido, no me creyó.

Al otro día la azucarera amaneció volcada sobre la mesa de la cocina y la noche siguiente desapareció sin rastro un bombón de fruta que me guardé para el desayuno.

Mami, convencida de que ninguno de sus *pequeños* era capaz de hacer algo así sin confesarlo, comenzó a investigar.

Un viernes por la noche, mamá dejó, como señuelo, un pedacito de chocolate blanco sobre la mesa y después nos escondimos para esperar al ladrón.

Después de un buen rato, mi mamá estaba adormecida y el chocolate seguía sobre la mesa.

—No hay ladrones —dijo—, y entre rezongos nos fuimos a dormir.

A la mañana siguiente el pedacito de chocolate había desaparecido y mamá no sabía qué pensar.

Entonces recordé algo que vi en una película. Había que poner talco o harina para que el ladrón sin darse cuenta dejara sus huellas.

Mamá se opuso al principio, pero le prometí limpiar todo por la mañana y se dejó convencer.

A la mañana siguiente, sobre la mesa había marcadas unas huellas muy pequeñas, después bajaban al almohadón de la silla y de ahí directamente al suelo.

Mamá se fue corriendo a la ferretería a comprar una trampa para ratones.

—Ma, no es un ra... —alcancé a decir, pero iba tan nerviosa que ni me escuchó.

Yo había visto unas huellas como esas...

Fui a la biblioteca en busca de un libro que nos había traído la abuela, hablaba de gnomos, explicaba cómo eran, cómo vivían y...

En cuanto encontré la página con las huellas de los gnomos corrí a compararlas con los pasitos marcados en la harina, pero mi hermano las había borrado todas.

Convencí a mi mamá de poner otra vez harina sobre la mesa y al día siguiente fui la primera en levantarme y con el libro en la mano comparé las huellas. Eran idénticas.

¿Cómo darle la noticia a mamá?

Fui a la cocina y la encontré revisando las trampas para ratones.

—Ma, ¿tú crees en los gnomos?

—Sí, ya te dije que creo en los gnomos.

—Mami, escúchame bien —le dije— no es un ratón, es un gnomo.

—No puede ser, Clarisa, ¡por favor!

—Claro que puede ser —le dije—. ¿Acaso no crees en los gnomos?

—Sssíí —me dijo dudando.

Apenas me escuchó, mi hermano se puso a buscarlo por todos los rincones y empezamos a pelear.

Le expliqué a gritos que de esa manera íbamos a espantarlo.

Mamá, tratando de calmarnos, tuvo una buena idea.

—¿Qué les parece si tratamos de acercarnos al gnomo sin perseguirlo? —dijo, y parecía convencida de su existencia—. Podemos demostrarle que somos amigos y no queremos hacerle mal.

Así fue como esa noche dejamos sobre la mesa un plato de café con los merenguitos más pequeños que encontré en el almacén, una tapita con agua, y a mí se me ocurrió dejarle una minicarta que decía en letras chiquitísimas: *Bienvenido a nuestra casa. Clarisa.*

Por la mañana fui a ver qué había pasado. En el plato donde había puesto seis merengues, ahora quedaban cuatro. Además la tapita tenía menos agua que la noche anterior.

Mamá se fue a la cocina refunfuñando y asegurando que el gnomo, al menos ese gnomo, no existía.

Mi hermano se fue a jugar al cuarto. Yo me quedé investigando los hechos y como nadie quiso ayudarme decidí que el gnomo era mío.

Busqué la lupa en el fondo de un cajón y me pareció ver las huellas del gnomo sobre la madera lustrada. Cuando investigué el papel de la carta de bienvenida, vi unas rayitas en las que me pareció leer: *Gracias*

Sí, decía *gracias* y él lo había escrito.

A partir de ese día me puse a escribirle cartas al gnomo.

Muy de vez en cuando, se animaba a escribir, como cuando le puse: *¿Te gustan las personas?*

Y respondió con unas letras pequeñitas y difíciles de leer: *No mucho, pero tú sí.*

Desde que yo le dejaba comida nada desaparecía en casa, y aunque mi mamá y mi hermano no querían creerme, en casa éramos cuatro: mamá, mi hermano, el gnomo y yo.

Una tarde, mientras paseaba con papá, se me ocurrió contarle sobre el gnomo. Escuchó atentamente pero sé que no me creyó.

Además, cuando volvimos estaba muy serio y quiso hablar a solas con mamá.

Me di cuenta de que no se puede hablar con todos sobre el gnomo.

—Ver para creer —me dijo papá con un abrazo de despedida y me dejó un poco triste.

Pero volvamos al gnomo.

Él seguía comiendo lo que yo le dejaba y leyendo mis cartas tamaño gnomo.

Ya sabía todo sobre mi familia pero yo nada de la suya. Entonces le escribí:

Quiero conocerte. ¿Te animas a verme o prefieres escribir?

Le dejé papel y lápiz por si se animaba.

Finalmente un día encontré unas rayitas muy difíciles de leer.

Con la lupa y con paciencia fui descubriendo el mensaje. Decía:

No puedo escribir así. Necesito pluma y tinta.

Entonces le pedí a mamá que visitáramos a mi abuela:

—Tú sabes —le dije— cuánto me gustan sus canarios.

Al día siguiente mi abuelo se dio cuenta de que estaba muy ocupada tratando de meter la mano en la jaula de los canarios.

—¿Qué haces, Clarisa? —me preguntó.

—Necesito una pluma. Abuelo, ¿tú necesitas ver para creer?

—No —dijo, y se ganó mi confianza.

—Te voy a decir un secreto —le dije al oído—: en casa tengo un gnomo y necesita una pluma de pajarito para escribir.

Por suerte la canaria de mi abuela tuvo crías, y con la ayuda del abuelo conseguí una plumita que, de tan pequeña, parecía invisible. Por la noche, antes de acostarme a dormir, dejé la pluma a la mano para que el gnomo pudiera tomarla.

En la mañana encontré una carta larguísima en la que me decía que antes él no vivía en la ciudad, que a su familia la ciudad le daba alergia y había llegado a mi casa en las vacaciones pasadas.

Sucedió que el último día de vacaciones salimos a dar un paseo al bosque; cargamos nuestras mochilas de caramelos, fruta y galletas y fuimos hasta un arroyito de agua transparente. Dejamos nuestras mochilas debajo de un sauce y nos sacamos los zapatos para mojarnos los pies.

El gnomo olió los caramelos y encantado por el aroma que salía de mi mochila se acercó más y más, y se metió en un bolsillo, con tan buena suerte que encontró enseguida los caramelos. Pero con tan mala suerte que justo en ese momento mamá decidió que debíamos irnos.

Le di un tremendo susto cuando agarré mi mochila y me la puse en la espalda. En la carta me cuenta que se asomó por el bolsillo, vio que estaba lejísimos del suelo, le dio un mareo y se desmayó.

Cuando abrió los ojos un terremoto sacudía el bolsillo. Cinco dedos enormes lo revolcaron de un lado al otro y se llevaron sus adorados caramelos. Era mi mano, pues a mitad del viaje me dieron ganas de comer mis golosinas. Después se quedó asustado y triste.

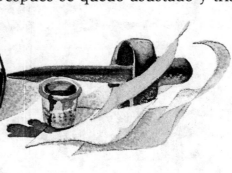

En el final de la carta escribió:

*Ahora busqué en tu casa un lugar para vivir pero
no me animo a decirte cuál es.*

En la carta siguiente me contó su vida:

Mi casa es un bosque único y fantástico. Vivo en el tronco de un árbol que es una biblioteca para animales. Una ardilla es mi secretaria y con su cola sacude el polvo de los libros. Les saca la arena o la tierra a los libros de geografía y las telarañas a los cuentos de terror. Seca hoja por hoja los libros con historias de mar. Tenemos mucho trabajo, pero la ardilla no es mi único ayudante. También una mariposa lleva entre sus alas los libros abiertos para que los pajaritos puedan leer pasando las hojas con sus picos.

Tenemos libros de muchos tamaños. Pequeñísimos para los gusanitos, enormes para los osos; no porque sean destrozones, sólo que con sus manotas les cuesta mucho pasar las páginas sin romperlas. La tarea empieza muy temprano y todos los animales del bosque vienen a buscar libros de su interés.

En el bosque tengo muchísimo trabajo, por eso quisiera volver rápidamente.

Al final de la carta me pedía algo que yo no esperaba:

Me gustaría que me ayudaras a volver a casa.

Me entristecía perderlo tan pronto, pero pensando en su alergia y en su trabajo empecé a imaginar algunos planes para regresarlo al bosque.

No era sencillo. Para ir de vacaciones faltaba casi un año y además nada me aseguraba que regresaríamos al mismo lugar. Quizás podía mandarlo por correo, pero no me parecía muy seguro meterlo en una caja cerrada. ¿Cómo iba a respirar?

Por las dudas, en mi carta de esa noche le puse: *¿Respiras?*

Claro que sí. Me contestó, desarmando mi plan.

Después recurrí al abuelo ya que era el único que creía en el gnomo. Me escuchó con una sonrisa y me dijo:

—Me encantaría llevarte, pero no tengo tiempo ni dinero. Quizás el año que viene...

Sin esperanzas, le escribí al gnomo diciéndole que me encantaba su trabajo, pero que no había manera de llevarlo al bosque

antes de las próximas vacaciones. También le conté que al menos había conseguido que mamá me prometiera volver al mismo lugar.

Su siguiente carta me tranquilizó. Me explicaba que nueve meses en la vida de un gnomo es muy poco, ya que ellos viven más de cuatrocientos años, que le venían bien unas vacaciones y que sólo necesitaba un lugar con árboles para pasar ese tiempo.

No tuve mucho para elegir. El único lugar donde podía dejarlo con confianza era la casa de mi abuela. Allí había árboles, plantas, flores y todas esas cosas que les gustan a los gnomos.

Le propuse que se metiera en el bolsillo de mi mochila mientras yo dormía; le prometí no abrirla ni espiar.

Está bien, me contestó en una carta pequeñita.

Esa noche, en mitad del sueño me despertaron unas ideas horribles. En la casa de mi abuela habría muchos peligros para un gnomo. Dos perros, un gato, mi abuela con su escoba barredora, mi abuelo con la máquina de cortar pasto y el rastrillo.

No pude dormir más. Le escribí al gnomo una larga carta avisándole sobre todos estos peligros.

A la mañana siguiente, levanté con cuidado mi mochila y me la puse sobre la espalda. En el bolsillo le había puesto caramelos.

Cuando llegamos a la casa de la abuela tuve que esperar a que mi hermano estuviera entretenido para salir al jardín. Me escondí con la mochila detrás de un árbol y hablé en voz alta:

—Ahora voy a dejar la mochila por un rato y una carta para ti. Cuando me vaya puedes salir. Suerte.

Caminé hasta la casa, me encerré en el baño y lloré un montón. Al día siguiente no tuve más remedio que ir a la escuela.

El martes, por suerte, vino mi abuela de visita y me contó que en su casa estaban pasando cosas muy raras. El perro se pasaba todo el día ladrando a un árbol del jardín, que aunque siempre había estado allí, parecía que él apenas ahora lo descubría. Estaba como hipnotizado ladrando y ladrando sin parar.

Además a la abuela se le habían desaparecido caramelos y chocolates de la cocina. Ella sospechaba del abuelo que era casi tan goloso como mi gnomo.

Días después volví al mismo árbol donde lo había dejado y le colgué una carta de una ramita. Pasó un mes y no contestó.

Una tarde me encontraba sentada en el jardín de la casa de mis abuelos cuando un pajarito revoloteó a mi alrededor. Jamás se me había acercado tanto uno, ni siquiera cuando les doy migajas de pan.

El pajarito iba y venía y en uno de sus vuelos dejó caer en mis manos una hoja de árbol, bastante grande y planchadita, que llevaba en su pico. La miré con atención y reconocí las letras de mi gnomo marcadas minuciosamente. Otra vez necesité la lupa. Decía:

Querida amiga: Todas las cartas que te escribí las dejé debajo de nuestro árbol, pero esa bestia negra y blanca que ladra por todos lados las pisoteó al minuto.

Estoy bien. Ya puedo reconocer el ruido de la máquina de cortar el pasto y subirme a las plantas. Aprovecho la hora de la siesta para entrar en la casa a buscar dulces y, como verás, también me hice amigo de los pájaros.

Con los perros y el gato me cuesta más, se ve que nunca habían visto a un gnomo y sólo mi olor los pone nerviosos.

¿Cuánto falta para el verano? Esta última pregunta me rompió el corazón. Pasaron dos semanas sin carta y en la siguiente parecía más entusiasmado. Me hablaba de sus amigos nuevos y de una pequeña biblioteca que estaba organizando con los libros que él mismo confeccionaba.

Por supuesto que en casa de la abuela no consiguió una ardilla secretaria pero varias mariposas lo ayudaban en su tarea.

Sus cartas fueron cada vez más alegres hasta que ya no nombró más el bosque.

Se encariñó con mis abuelos que dejaban caramelos por todos lados y la azucarera siempre destapada.

Cuando el verano se fue acercando mamá me preguntó:

—¿Todavía quieres ir al mismo lugar de vacaciones?

—Sssííí —tartamudeé y sonó como un no sé.

—¿Seguro?

—Déjame pensarlo —le dije, necesitaba consultarlo con el gnomo. No quería que se fuera,
me gustaba visitarlo,
leer sus cartas
e imaginarme
su vida.

Cuando le escribí para preguntarle, me contestó con un montón de explicaciones que podían resumirse en una sola afirmación: Sí, quiero volver al bosque. Tenía razón.
Me contaba que en casa de la abuela estaba bien, pero que no tenía con quién conversar. Había reemplazado su trabajo y lo rodeaban muchos animales, pero sin gnomos no podía conversar de cosas de gnomos y tampoco soñar con casarse con una gnoma y tener una familia de gnomitos.

Los días pasaron muy rápido y finalmente estuvo todo listo para las vacaciones.

Cuando llegamos a la terminal de autobuses, mamá separó el equipaje; para mi espanto, el bolso donde había puesto al gnomo era uno de ésos.

—Quiero este bolso conmigo —le dije, abrazándolo como si fuera una enorme muñeca.

—Pero, Clarisa... ¿qué tienes en ese bolso?

—Al gnomo —le dije en voz baja.

—Clarisa, ¿otra vez con eso?

—Es verdad, mami, te lo juro, ¡por favor!

—Está bien —dijo mamá—, pero que no te escuche más hablar de ese gnomo —y se quedó con cara preocupada.

Cuando llegamos al hotel, como ya era un año más grande, mamá me dejó ir sola hasta el bosquecito, junto al arroyo. Caminé cargando el bolso como si llevara el más valioso de mis tesoros, mi corazón latía tan fuerte que me asustaba.

¿Cómo separarme de mi gnomo? Si no lo veía ahora nunca más iba a verlo.

"Lo veo, no lo veo. Lo veo, no lo veo", pensaba sin parar.

Cuando llegamos al mismo sauce apoyé el bolso en el suelo y le dije:

—Voy a jugar a las escondidas contigo —me tapé los ojos y conté hasta 10.

Cuando terminé de contar, el bolsillo del bolso estaba vacío y abierto. En la tierra dejó la hoja del árbol; con mucha emoción descubrí allí sus letritas:

Gracias por todo.

LECCIÓN 9

Tajín y los Siete Truenos

Texto: Felipe Garrido
Ilustraciones: Felipe Ugalde

Las leyendas son historias viejas; nadie sabe quién narró Tajín por primera vez. Lo cierto es que en aquella versión los Truenos no ceñían espadas ni calzaban botas, porque las espadas y las botas llegaron por primera vez a nuestra América mucho tiempo después, con los españoles. No te sorprenda que ahora los Truenos se vistan un poquito a la europea, con capas, botas y sombreros, al tiempo que siguen antiguas costumbres de América, como cocinar en un fogón de tres piedras, preocuparse porque los frijoles no se quemen y fumar puros. Con el tiempo, las leyendas cambian. No te extrañe si uno de estos días llega a tus manos —o tú decides escribir— otra versión de esta leyenda, donde los Truenos viajen a Papantla en autobús, o Tajín vaya por los senderos de la selva montado en bicicleta.

Tajín y los Siete Truenos es un cuento basado en una leyenda indígena. Transcurre en el Totonacapan; es decir, en el país de los totonacas: una zona selvática, cruzada por muchos arroyos y ríos, que abarca, según se ve en este mapa, dentro de la zona marcada, parte de la sierra y de la faja costera en el norte de los estados de Puebla y Veracruz, respectivamente.

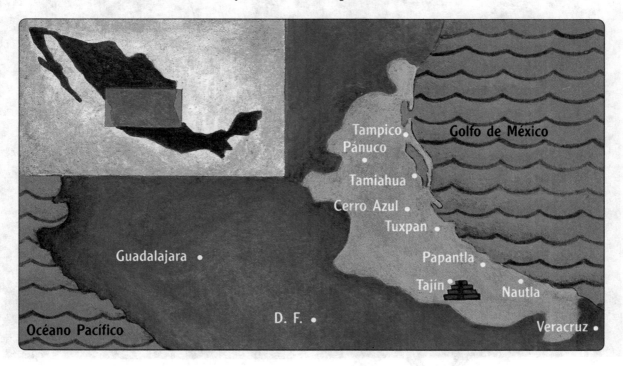

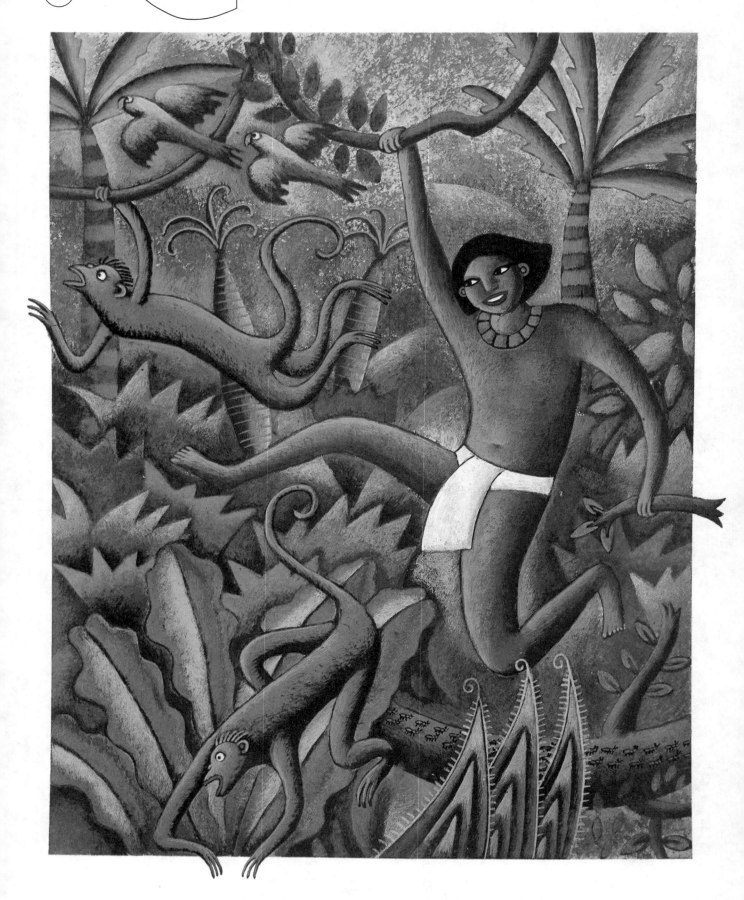

Una mañana de verano, hace mucho tiempo, llegó a las selvas del Totonacapan un muchacho llamado Tajín. Iba por el camino buscando bulla porque era un chamaco maldoso. No podía estar en paz con nadie. Si encontraba un hormiguero le saltaba encima; si veía una banda de monos los apedreaba; zarandeaba los árboles y les arrancaba ramas sin ninguna consideración.

Todos salían corriendo en cuanto lo veían venir.

—Ahí viene Tajín —decían las hormigas rojas y las hormigas negras en sus hileras apretadas, y se apresuraban a entrar a sus túneles con la acostumbrada disciplina.

—Ahí viene Tajín —decían los monos entre aullidos y gestos, y se daban prisa para encaramarse a las ramas más altas, a las rocas más escarpadas, donde no pudieran alcanzarlos las piedras del intruso.

—Ahí viene Tajín —decían los árboles temblando de miedo, pues ellos no podían huir.

Por eso el muchacho vivía solo. Porque nadie podía soportar su compañía.

Pero ese día Tajín andaba con suerte. Al dar la vuelta en un recodo del camino se encontró con un extraño hombrecito de barba cana y grandes bigotes y cejas tan pobladas que casi le cubrían los ojos.

—Buenos días, muchacho. Tú no eres de por aquí —le dijo el anciano con voz pausada.

—Vengo de atrás de la montaña —contestó Tajín—; me gustaría pasar un tiempo por aquí.

—Mis hermanos y yo andamos buscando alguien que nos ayude a sembrar y a cosechar, a barrer la casa y a traer agua del pozo, a poner los frijoles en la olla y a vigilar que el fuego no se apague. Ven con nosotros —le ofreció el hombrecito.

—¿Quiénes son tus hermanos?

—Somos los Siete Truenos. Nuestra tarea es subir a las nubes y provocar la lluvia. Nos ponemos...

—¿Suben a las nubes? —exclamó Tajín, que era bastante impertinente y solía interrumpir a las personas.

—¡Claro que subimos! —replicó el hombrecito un tanto molesto de que alguien pusiera en duda sus palabras—. Nos ponemos nuestras capas, nos calzamos nuestras botas, tomamos nuestras espadas y marchamos por los aires hasta las nubes más altas. Sobre ellas zapateamos bien y bonito hasta que desgranamos la lluvia. "¡Jajay, jajay, jajay!", gritamos entonces y sentimos que la felicidad nos desborda.

Tajín era un chamaco curioso y atrevido. Apenas escuchó aquello se imaginó por los aires, haciendo cabriolas entre las nubes. Así que le dijo al anciano que estaba bien, que iría a la casa de los Siete Truenos para sembrar y cosechar, para barrer la casa y traer agua del pozo, para poner los frijoles en la olla y estar atento a que el fuego no se apagase.

Los Siete Truenos vivían en una casita de piedra, encima de una gran pirámide llena de nichos. Seis hombrecitos de barba cana y grandes bigotes y cejas tan pobladas que casi les cubrían los ojos se asomaron a recibirlos.

—¿Quién viene contigo, hermano? —preguntaron a coro.

—Un muchacho que encontré en la selva. Viene para ayudarnos a sembrar y cosechar, a barrer la casa y traer agua del pozo, a poner los frijoles y atender el fuego para que no nos falte.

—Y también para subir a las...
—comenzó a decir Tajín, pero nadie le hizo caso. Los Truenos no estaban muy conformes.

—¿Un extraño en nuestra casa? ¡Ya no tendremos secretos! ¡Aprenderá nuestras mañas! Tiene cara de bribón —dijeron todos hablando al mismo tiempo.

Tajín sintió que la rabia lo colmaba y estaba a punto de arremeter a pedradas contra los siete ancianos, cuando su protector tomó la palabra:

—Calma, hermanos, por favor. Nosotros tenemos tareas importantes que atender. ¿No protestamos cada vez que nos toca quedarnos en casa mientras los demás van a bailar a las nubes? A ver, ¿quién se queda hoy a poner los frijoles?

—Yo me quedé ayer —dijo uno.

—Hace dos semanas que no me toca salir —mintió el Trueno Doble, que siempre hacía trampas para ir a bailar.

—Nadie taconea como yo —presumió el Trueno Viejo.

—Yo no sé preparar los frijoles. No es mi turno... Tengo esta mano lastimada… —argumentaron los demás.

—Pues yo tampoco me quedaré —concluyó el Trueno Mayor, que era quien había encontrado a Tajín—. Para eso traje a este muchacho. Nosotros le diremos cómo nos gusta que haga las cosas y pronto aprenderá.

Después de mediodía unas nubes se asomaron a la orillita del horizonte, enormes y grises, por el lado del mar. Tajín ya había recibido instrucciones. Ya sabía tomar la escoba y llevar sobre los hombros el cántaro lleno de agua y consentir al fuego entre las tres piedras del fogón. Sobre todo, ya sabía cómo poner los frijoles en la olla para que, por la noche, al regresar de su baile, los Siete Truenos pudieran cenar.

Muy contentos estaban los ancianos. Entre bromas y risas abrieron su gran arcón de maderas perfumadas y sacaron sus trajes de faena. Se pusieron las capas, se calzaron las botas, se ciñeron las espadas.

—No te asustes cuando sople el viento —le dijo uno de los Truenos a Tajín—; son nuestras capas cuando las agitamos.

—Ni te espantes con los relámpagos; son nuestras espadas que relumbran en la oscuridad.

—Ni te hagan sufrir los truenos; son nuestras botas que retumban contra las nubes.

—No permitas que la lluvia te moje, porque si te resfrías después no podrás ayudarnos.

—No vayas a descuidar los frijoles porque se pueden quemar y el baile nos abre el apetito.

—Ni te vayas a quedar dormido, pues alguien podría entrar y llevarse nuestra cena.

—Sobre todo —le dijo el Trueno Mayor—, no dejes que se apague el fuego, porque cuesta mucho trabajo volver a encenderlo.

Así se despidieron los Truenos y Tajín les dijo que sí a todo. Al principio pudo verlos mientras iban subiendo por los aires con sus trajes de labor, como si la escalinata de la pirámide continuara más allá de las copas de los árboles. Todavía pudo distinguirlos cuando corrían reuniendo las nubes como si éstas fueran los animales de un rebaño.

Y, en efecto, cuando los Truenos movían las capas, Tajín sentía cómo el viento le sacudía los cabellos; y cuando saltaban de un lado a otro se escuchaba como el rodar de truenos lejanos; y cuando desenvainaron las espadas para dar la señal y comenzar un baile, un relámpago gigantesco iluminó el cielo hasta el último confín, y el estruendo que lo siguió fue tan violento que sacudió la tierra.

La lluvia comenzó a caer suave y tibia como una bendición. Tajín ya no podía ver a los Truenos pero sabía que estaban encima de las nubes, bailando con todas sus fuerzas, agitando las capas y blandiendo las espadas, taconeando con las botas y gritando de vez en cuando, si la felicidad los desbordaba, "¡Jajay, jajay, jajay!"

Durante algunos días Tajín fue un ayudante ejemplar. Barría la casa —¡y cada uno de los nichos!—; ponía los frijoles en la olla; traía agua del pozo; trabajaba en la milpa; estaba atento a que las ascuas no perdieran su brillo de joyas entre las tres piedras del fogón; también cepillaba las botas de los Truenos. Y cada vez que tocaba esas botas le renacía el mismo pensamiento: "Tengo que subir, tengo que subir".

La soñada oportunidad llegó. Una mañana los Siete Truenos se pusieron sus blancos trajes de viaje y le dijeron a Tajín que debían ir a Papantla, a comprar puros en el mercado.

—No te preocupes, no tardaremos mucho —le dijo el Trueno Viejo, que se había encariñado un poco con el muchacho.

—Antes de que acabe el día nos verás por aquí —dijo otro de los Truenos palmeándole la cabeza.

—Pero no olvides todo lo que te hemos advertido —le dijo el Trueno Doble, que no quería parecer blando.

—Pon los frijoles en la olla, porque el viaje es largo y regresaremos con hambre.

—No vayas a descuidarte ni dejes la casa sola.

—No te quedes dormido.

—Sobre todo —le recordó al salir el Trueno Mayor—, no vayas a permitir que se apaguen las brasas.

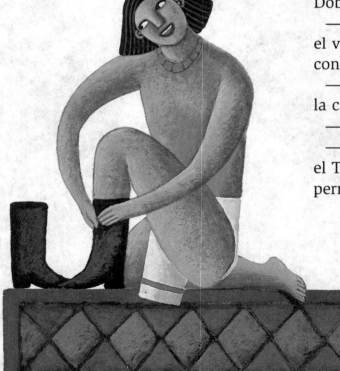

Tajín dijo que sí a todo y los Truenos se fueron muy contentos porque ahora sí tenían alguien que los ayudara; que fuera a sembrar y cosechar; que barriera la casa y trajera agua del pozo; que pusiera los frijoles en la olla y cuidara amorosamente la adorada flor del fuego. Muy contentos se fueron los Siete Truenos a comprar sus puros al mercado de Papantla.

Apenas se quedó solo Tajín tiró la escoba en un rincón y comenzó a palmotear de contento. Corrió al gran arcón de los Truenos y se lanzó de cabeza a buscar unas botas que le quedaran. Tuvo que echar fuera todas las prendas antes de encontrar unos zapatos de su medida. La capa y la espada presentaron menos dificultades.

En cuanto se hubo vestido, el muchacho corrió al pozo para verse reflejado en el agua.

—¡Ahí viene Tajín! —pasó la voz entre los árboles y los monos y las hormigas negras y las hormigas rojas, que apresuraron el paso pero sin romper filas.

El chamaco se sintió un tanto decepcionado porque sus cejas no eran tan pobladas como las de los Truenos. Le molestó ver su rostro lampiño, sin barbas ni bigotes, y frunció el entrecejo.

—¡Cuidado, cuidado con Tajín! —corrió la voz por los diminutos túneles en sombras y por las más altas ramas, hasta que alcanzó a los Truenos, que iban por el camino muy quitados de la pena.

—¿Qué dicen los árboles? —preguntó el Trueno Viejo, que no tenía el oído muy fino.

—No hagas caso, hermano, ya los conoces. Son unos escandalosos. Harían cualquier cosa para llamar la atención —le contestaron los demás, ansiosos por llegar a Papantla y comprar sus puros. ¡Si hubieran visto lo que hacía Tajín!

El muchacho había recorrido ya la escalinata y comenzaba a subir por los aires. Los primeros pasos fueron difíciles. No se atrevía Tajín. Sentía miedo. Sin embargo, no tardó mucho en tomar confianza. Por unos momentos quedó arrobado. ¡Qué hermosa era la selva vista desde arriba! Tajín tenía la pirámide a sus pies, entre un sinfín de colinas rabiosamente verdes, y más allá las montañas y a lo lejos el mar. Pero pronto dejó de admirar el paisaje.

Comenzó a correr persiguiendo las nubes. Cada vez que agitaba la capa para juntarlas soplaba el aire. La agitaba con más fuerza y entonces arreciaba el viento y las nubes enloquecían como venados perseguidos.

"¡Jajay, jajay, jajay!", comenzó a gritar Tajín. En voz baja primero. Después más alto, dándose ánimo. Por fin con todas sus fuerzas, al mismo tiempo que sacaba la espada y comenzaba a girar. Todo el cielo y la tierra y aun el mar interminable se llenaron con una luz cegadora.

Empezó a bailar Tajín. Pero sus pasos no eran acompasados y armoniosos como los de los Truenos; eran torpes y descompuestos. Alzaron un viento terrible. Entre relámpagos y truenos desgranaron contra la selva un chubasco violentísimo. No era la lluvia bendita de los Truenos, sino una tormenta devastadora. Había tantas nubes, y tan negras, que el día se había oscurecido. La lluvia desgajaba ramas de los árboles y hacía crecer los ríos. Tiritando y empapados, los animales buscaban guarecerse en las alturas.

Y mientras más arreciaba la tormenta Tajín bailaba con más bríos, taconeaba con mayor fuerza, hacía revolotear su capa con más ganas, clavaba furiosamente los tacones en los lomos de las nubes, gritaba más y más alto: "¡Jajay, jajay, jajay!"

Apenas iban llegando a Papantla los Truenos cuando un repentino vendaval les arrancó los sombreros.

—¡Diablos! —gritó el Trueno Mayor, al mismo tiempo que salía corriendo por su sombrero.

—¡Las nubes! ¡Miren las nubes! —exclamó el Trueno Viejo, que siempre tenía la buena o la mala fortuna de descubrir todo lo que estaba pasando.

—¡El muchacho! ¡Esto lo hizo el muchacho! —dijo el Trueno Doble, a quien no era fácil engañar, pues todo lo consideraba por lo menos dos veces.

—¡Ese demonio! De seguro ni siquiera puso los frijoles. ¡Dejó sola la casa! ¡Acabará con el mundo! —se quejaron los demás, mientras intentaban vanamente protegerse de la lluvia y del viento.

Mojados de la cabeza a los pies regresaron a toda prisa a su casa. Con trabajos subieron la escalinata de piedra, resbalando de vez en cuando, ahogándose casi con el agua. Apenas entraron sintieron que iban a desmayarse: ¡Jamás habían visto tal desbarajuste! Junto con otras prendas de vestir, las botas, capas y espadas estaban tiradas en el mayor desorden. La escoba flotaba en un charco. ¡Los frijoles se habían quemado! Entre las tres piedras del fogón había únicamente ceniza.

—¡Tras él, tras él, vamos a atraparlo! —exclamó el Trueno Viejo, que había perdido todo su cariño por el muchacho.

—Si no nos apresuramos acabará con el mundo —dijo el Trueno Doble mientras comenzaba a calzarse las botas.

—¿Dónde están mis botas? —preguntó el Trueno Mayor, lanzando las capas por el aire para buscarlas.

—Deprisa, deprisa, que los ríos ya se desbordan.

—Deprisa, deprisa, que el viento arranca los árboles.

—¡Mis botas, mi capa, mi espada!
—gritaba el Trueno Mayor, desesperado
porque no las encontraba.

—Deprisa, deprisa, que la tierra
se desmorona.

—Deprisa, deprisa, que el mar
nos arrasará.

—¡Mis botas, mi capa, mi espada!
¡Demonios, se las llevó!
—comprendió finalmente el Trueno
Mayor, arrancándose los bigotes
de rabia.

—Deprisa, deprisa, vamos
por él —dijeron a coro solamente
seis Truenos que salieron para
perseguir a Tajín.

Era difícil subir con tanto viento,
con tanta agua, con el estrépito
de la tormenta.

Empapados iban los Truenos,
trabajosamente. Deslumbrados
por los relámpagos. Quitándose
el agua de la cara con las manos.
Respirando apenas. Resbalando
en las primeras nubes como si
fueran piedras de río.

Por fin lograron pasar la barrera
de las nubes. Más allá brillaba el sol
y el cielo era tan azul como siempre.
Allí estaba Tajín, brincoteando
de un lado a otro. Primero sobre
un pie, luego sobre el otro, después
dando vueltas como un remolino,
tirando tajos con la espada. Y cada
uno de sus movimientos daba un
nuevo impulso a la tormenta:
resoplaba el viento o crecía la lluvia
o caían más relámpagos y truenos.

En cuanto Tajín vio venir
a los Truenos salió corriendo entre
las nubes. Trepaba, se escondía,
saltaba, se escabullía, burlaba
a sus perseguidores. Los seis
Truenos se afanaban por alcanzarlo;
se separaban para cortarle
las salidas; procuraban acorralarlo.
Pero el chamaco los esquivaba, los
dejaba atrás, salía disparado en
otra dirección.

Y con tanto movimiento, con tanto
taconeo, con tanto agitar las espadas
y las capas, la tormenta arreciaba
más y más.

Pasaron muchas horas antes
de que los seis Truenos lograran
atrapar a Tajín. Cuando finalmente
lo consiguieron, estaban sofocados
y sudorosos. Bajaron con tiento,
cuidando dónde ponían los pies.
¡Qué espectáculo de desolación!
¡La milpa inundada y rota!
¡Los grandes árboles arrancados
de cuajo! ¡El mar embravecido como
una mala fiera! ¡El viento, que tarda
en recuperar el sueño, rondando
como un mal pensamiento!

Llegaron rendidos a su casa.

—¿Dónde está ese bribón?
¡Déjenme ponerle las manos encima!

—gritó el Trueno Mayor, furioso
porque Tajín se había llevado sus
cosas y más furioso todavía porque
la tormenta lo había dejado hecho
una sopa.

Pero no recibió respuesta. Nadie
podía hablar. Los seis hombrecitos
resoplaban penosamente para
recuperar el aliento.

—¡Entréguenme a ese granuja!
Quiero azotarlo, triturarlo,
machacarlo, picarlo, aporrearlo,
molerlo, macerarlo, pulverizarlo…
Ya después le pondremos un buen
castigo.

El Trueno Mayor no podía quedarse
quieto. Se tiraba de los bigotes,
furioso. Estaba tan enojado que
acabó por provocar la risa de sus
hermanos. Sin embargo, lo que Tajín
había hecho no era cosa de risa;
de manera que los Truenos
comenzaron a deliberar
para decidir lo que
debían hacer con el
muchacho.

Tras discutir un buen rato
los Truenos llegaron a una decisión.
Ataron fuertemente a Tajín y lo
llevaron al mar para tirarlo al agua.

—Ahí llevan a Tajín —decían los
árboles sacudiendo gozosamente
sus ramas.

—Por fin nos dejará tranquilos
—parloteaban los monos.

—Ahora sí podremos trabajar
en paz —fue corriendo la voz entre
las hormigas rojas y entre las
hormigas negras, que no rompieron
filas ni siquiera para festejar
la buena nueva.

Bien adentro del mar lo tiraron.
No querían los Truenos que Tajín
pudiese regresar.

Y desde ese momento allí vive Tajín.
Ha crecido el muchacho; ha cobrado

fuerzas. Y de vez en cuando recuerda
sus aventuras aéreas. Abandona
entonces las profundidades marinas.
Surge cabalgando el viento
desatado y hace galopar las nubes
enloquecidas y los cielos
repentinamente sombríos se
desbaratan en una lluvia incontenible,
mientras los relámpagos y los truenos
se suceden sin conceder respiro.

Los ríos se desbordan, los árboles
se desploman, los caminos se
desmoronan, las cosechas
se pierden, sufren los pueblos.
Deben entonces los Siete Truenos
trepar de nuevo a las nubes
de tormenta para capturar a Tajín
—al Huracán, como también llaman
al muchacho—, para lanzarlo
una vez más al fondo del mar.

LECCIÓN 10

La fotografía

Texto: Pronalees
Ilustraciones: Ricardo Radosh

En nuestra vida cotidiana encontramos
fotografías en muchas publicaciones:
las vemos en periódicos, libros, revistas
y anuncios. Gracias a ellas conocemos
personas, animales, cosas y lugares.

También es común
que tomemos fotos
de nuestras actividades y celebraciones
para tener un recuerdo que después
podamos compartir
con nuestra
familia y
amigos.

Y a veces debemos tomarnos fotografías
para tramitar documentos oficiales;
por ejemplo, la credencial y los certificados
de la escuela.

Durante el siglo xx las cámaras y los procesos fotográficos experimentaron grandes cambios y mejoras increíbles. Hoy los fotógrafos profesionales cuentan con una gran variedad de cámaras especiales y casi todos podemos tomar fotos usando cámaras sencillas. Sin embargo, tuvieron que pasar más de 1 000 años para que alguien consiguiera captar una imagen e imprimirla.

¿Cómo empezó la fotografía?

Los primeros en investigar como captar imágenes fueron los árabes y los chinos, entre los siglos IV y VI. Ellos construyeron unas pequeñas cajas a las que llamaban *cámaras oscuras;* por dentro estaban pintadas de negro y en una de sus caras tenían un orificio. Cuando se ponía un objeto frente a esta cara, la luz reflejada por el objeto entraba por la pequeña abertura y proyectaba en la cara opuesta una imagen invertida del mismo. Las imágenes que se producían de este modo no se fijaban en la superficie donde se proyectaban, como sucede en las cámaras fotográficas actuales.

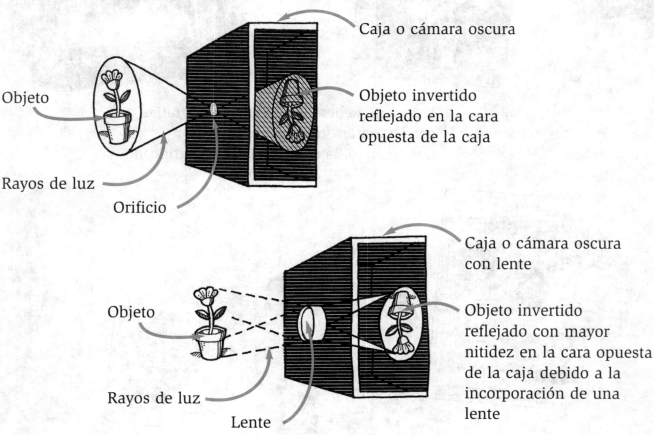

Caja o cámara oscura

Objeto

Objeto invertido reflejado en la cara opuesta de la caja

Rayos de luz

Orificio

Caja o cámara oscura con lente

Objeto

Objeto invertido reflejado con mayor nitidez en la cara opuesta de la caja debido a la incorporación de una lente

Rayos de luz

Lente

Fue hasta el siglo XIX que los franceses Nicéforo Niepce y Louis Daguerre encontraron una manera de fijar las imágenes que captaban mediante cámaras oscuras: pusieron dentro de la cámara una lámina de metal bañada con sustancias químicas que reaccionaban con la luz; es decir, algunas partes de la lámina se oscurecían y otras permanecían blancas, en función de la luz que recibían. Además, en lugar del orificio la cámara tenía una lente que reflejaba con más nitidez la imagen.

Niepce y Daguerre llamaron a su descubrimiento *daguerrotipo*.

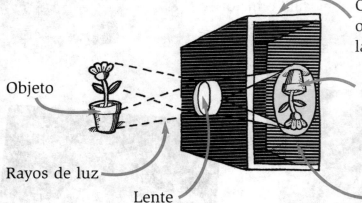

Objeto

Caja o cámara oscura con lente y lámina fotosensible

Objeto invertido reflejado con mayor nitidez en la cara opuesta de la caja

Rayos de luz

Lente

Lámina de metal

Como el proceso para obtener daguerrotipos era muy lento y complicado, se llevaron a cabo muchas investigaciones con distintos materiales para obtener imágenes impresas en menos tiempo y de manera más sencilla. Después de experimentar varios años finalmente se inventó en Estados Unidos un rollo fotográfico muy semejante al que actualmente se usa.

Poco a poco los equipos y materiales fotográficos han ido mejorando; hoy existe una gran variedad de cámaras, rollos y accesorios que permiten captar imágenes de gran calidad y obtener copias impresas rápidamente.

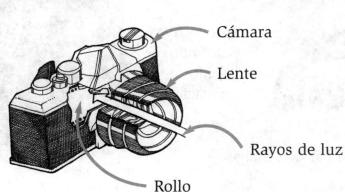

Cámara

Lente

Rayos de luz

Rollo

¿Para qué sirve la fotografía?

La fotografía se considera actualmente una actividad artística. Existen miles de fotógrafos profesionales y millones de aficionados. Al mismo tiempo, se ha convertido en una herramienta indispensable para la ciencia y la comunicación.

En el periodismo es muy utilizada como documento visual e histórico.

En la publicidad, para mostrar y vender productos.

En la industria, la fotografía se utiliza para detectar problemas de máquinas o materiales.

En actividades artísticas y deportivas, para motivar la cultura y la recreación.

En la educación, para enseñar con imágenes.

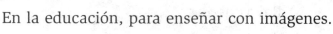

La fotografía y la ciencia

Gracias a las fotografías captadas con cámaras adaptadas a microscopios los científicos pueden ver y estudiar detalladamente formas de vida diminutas.

Cuando estas fotografías son ampliadas se obtienen imágenes sorprendentes. Por ejemplo, ¿habías visto tan de cerca el aspecto de una mosca?

Gracias a la fotografía podemos registrar con detalle cómo crecen las plantas. Para ello se emplea una cámara especial que cada hora toma automáticamente una foto.

También podemos ver algunos detalles de lo que ocurre con un cuerpo en movimiento.

La fotografía y el espacio

Así como la fotografía puede registrar las cosas más pequeñas del mundo, también puede captar imágenes de cosas tan grandes como los planetas y los astros.

Cuando se adaptan cámaras a los telescopios incluso podemos fijar imágenes de galaxias situadas a enormes distancias de nuestro planeta.

Estas fotografías son aprovechadas por los astrónomos para elaborar mapas del Universo.

En todos los viajes espaciales las cámaras fotográficas son instrumentos básicos del equipo científico. Gracias a ellas contamos con registros gráficos de las expediciones y con imágenes detalladas que no siempre pueden obtenerse con los telescopios.

La fotografía y la medicina

En la investigación médica también se utilizan cámaras fotográficas adaptadas a microscopios y, con su ayuda, los médicos pueden estudiar bacterias y virus que afectan nuestro organismo.

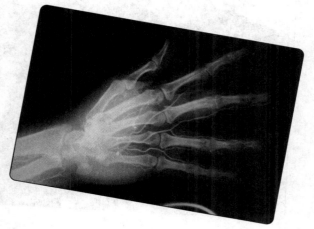

Asimismo, se toman fotografías que conocemos como *radiografías*, con las cuales los médicos y dentistas pueden observar los tejidos duros de nuestro organismo, como huesos y dientes.

Otra utilidad de la fotografía en la medicina consiste en conservar imágenes de las operaciones quirúrgicas, lo que permite observar detalles del proceso y ayudar a futuras investigaciones.

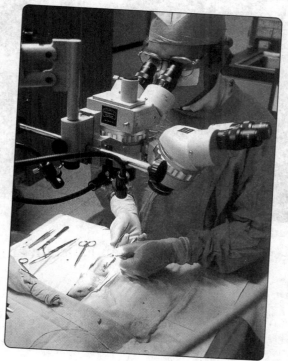

Algunas fotografías famosas

Explosión del zeppelin
Hindenburg (1937)

Francisco Villa, Emiliano Zapata
y algunos soldados durante la
Revolución Mexicana (1914)

Erupción del volcán Paricutín en
Michoacán (1943)

La llegada del hombre
a la Luna (1969)

La fotografía al alcance de todos

Como has visto, la fotografía permite captar y guardar imágenes de muchos tipos. Si tienes una cámara o tus papás te prestan una, puedes tomar fotos de lo que tú quieras. Quién sabe, a lo mejor te gusta tanto que en el futuro decidas convertirte en fotógrafo profesional.

LECCIÓN 11

Pateando lunas

Texto: Roy Berocay (adaptación)
Ilustraciones: Rosario Valderrama

—No se puede.

—Pero... ¿por qué?

El padre caminaba alrededor de la habitación, movía la cabeza como si tuviera un tornillo a punto de aflojarse y miraba a la niña.

—Porque eres una niña.

—¿Y eso qué tiene que ver?

¿Qué tenía que ver? Mayté era una niña, eso era cierto, una niña de nueve años, algo bajita y flaca, pero tenía piernas fuertes. Eso le decían siempre sus amigos: Javier, que se pasaba todo el día haciendo chistes malísimos, o Salvador, que siempre parecía tener una patineta pegada a los pies: tienes piernas fuertes, puedes jugar, estamos seguros.

Pero para los papás de Mayté el asunto era diferente: ella era una niña, las niñas juegan a las muñecas, hacen comiditas, se portan bien, dicen buenos días y todas esas cosas. ¿Cómo iba a ocurrírsele ser jugadora de futbol?

Pero así era, sus vestidos de color rosa, blanco o celeste, terminaban siempre manchados, y cuando volvía a casa ya sabía lo que su mamá le iba a decir:

—Pero Mayté, ¿estuviste jugando futbol?

—No mamá, me trepé a los árboles.

Jugar futbol, treparse a los árboles, desafiar a Javier o a Chava a jugar carreras, eran cosas que a Mayté le parecían muy divertidas. "¡Qué emocionante sería si los grandes campeonatos fueran jugados por mujeres!", se decía. "Si al menos pudiera hablarlo con alguien". Pero a sus papás no les gustaba hablar de estos temas con ella.

Ni siquiera la dejaban ver el futbol por televisión: cuando su papá veía los juegos, ella se sentaba a un lado y se dejaba llevar por la emoción. Sin embargo, él pronto terminaba mandándola a estudiar. Así acababan siempre los partidos: Papá 1–Mayté 0; y, encima, expulsada del terreno de juego.

Un domingo en la mañana, Mayté salió de su casa y corrió directamente hacia una gran confusión de voces y piernas. Allá en la callecita, al costado de la plaza, los varones jugaban futbol.

—¿Puedo jugar? —preguntó Mayté al acercarse, pero nadie parecía haberla escuchado.

Javier corría tratando de eludir a un gordo alto de nombre Esteban. Salvador, parado cerca de la portería, lo alentaba y le pedía el pase, pero Javier nada, pisaba la pelota, frenaba, amagaba y volvía a empezar. Hasta que el gordo se enojó y le dio una fuerte patada en el tobillo. Javier cayó al suelo y muy enojado gritó:

—¡Me las vas a pagar gordo panzón!

—¿A quién le dijiste gordo panzón? —dijo Esteban mientras se acercaba furioso hacia Javier, quien presa del miedo se echó a correr.

—Ahora les falta uno, ¿puedo jugar? —insistió Mayté.

—Si los demás están de acuerdo —dijo Salvador, que sabía que Mayté podía ser muy insistente cuando se lo proponía.

—¡Un momento! —dijo el gordo enemigo— ella no puede jugar porque es una niña.

—Salvador dice que sí puedo, además yo juego mucho mejor que tú —respondió Mayté enfurecida, pues ya estaba cansada de esas historias.

Esteban puso cara de superioridad y la miró. Ella era más baja que él y, claro, era una niña; no había razón para preocuparse.

—El futbol es cosa de hombres, nena.

—A mí no me digas nena, ¡gordo panzón!

Las palabras de Mayté no habrían causado muchos problemas, porque a Esteban le habían enseñado que los hombres no deben pegarle a las mujeres. Pero a Mayté nadie le había dicho que las mujeres no deben pegarle a los hombres, y al mismo tiempo que le decía panzón, le dio un puntapié en el tobillo.

—Y eso es por mi amigo Javier.

Esteban olvidó de pronto todas sus lecciones y se tiró encima de Mayté. Luego intervino Salvador y el enfrentamiento entre los dos equipos dejó de ser futbolístico. Mayté, en medio de aquel remolino, corría de un lado a otro gritando: "¡Dale a ése! ¡Toma!". Pero claro que no era un buen espectáculo; algunos padres que estaban en la plaza llegaron a separarlos, mientras algunas señoras hablaban entre ellas:

—¿Vieron quién estaba ahí?

—Sí, es la misma niña que anda trepando a los árboles.

—Deberían darle una buena lección, andar por ahí peleando con niños. ¡Qué vergüenza!

Cuando todo terminó, Mayté se dirigió a su casa con la ropa llena de tierra, los pelos todos revueltos y la nariz sucia. Su mamá, quien gracias a sus chismosas vecinas ya estaba enterada de lo sucedido, primero le dio un largo discurso acerca de cómo deberían comportarse las niñas y luego la mandó a arreglar su cuarto.

Al día siguiente, en la escuela, Esteban y su equipo retaron a otro partido a Javier y Salvador.

—Aceptamos sólo si juega Mayté con nosotros —dijo Salvador.

—Pero es una niña —respondió Esteban.

—Justamente, ¿o es que tienen miedo de jugar contra una niña? —dijo Chava.

—¿Miedo nosotros?, les ganaremos con o sin niña. El partido será el domingo —dijo Esteban mientras se marchaba.

—¡Ehhh! —dijo Mayté saltando de gusto—. Ahora sólo tendré que conseguir una camiseta, practicar y, sobre todo, convencer a mis padres.

Pronto se presentó la oportunidad esperada. Era de noche y, en la habitación, la luna resplandecía a través de la ventana. Mayté sentía que la luna causaba un raro efecto en las personas. Por ejemplo, hacía varias noches que la luna había empezado a aparecer y ella soñaba más tiempo despierta. Incluso su madre no era la misma desde que la había visto.

Esa noche Mayté le preguntó:

—Mamá, ¿qué querías ser tú cuando eras chica?

La madre sonrió y suspiró. Se quedó un momento mirando la ventana.

—Yo soñaba con ser bailarina.

—¡Qué fantástico! ¿Y por qué no eres bailarina?

—Bueno, mis padres, tus abuelos, eran muy estrictos y no me dejaron. Decían que era un ambiente malo para mí.

—¿Y por qué decían que era un ambiente malo?

La madre no contestó. Se imaginaba bailando en un gran escenario multicolor, y en cada salto era levantada por unas alas invisibles. Pero Mayté, que era lista, enseguida comprendió que a ella le podría ocurrir algo similar si no actuaba pronto.

—Mamá, ¿por qué no puedo jugar futbol?

—Porque es un ambiente ma... —la madre se detuvo al darse cuenta de que estaba a punto de hablar igual que sus padres. Se acomodó el pelo detrás de la oreja y sonrió; no era su sonrisa de siempre, era otra que le brillaba en los ojos y le dibujaba en la boca una raya rarísima. Mayté nunca la había visto sonreír de esa forma, ¿sería por la luna?

—¿Y quién dice que no puedes jugar futbol? Yo hablaré con tu padre —dijo la mamá de Mayté y salió del cuarto.

Mayté estaba tan sorprendida que no sabía qué decir, quería saltar, correr y tragarse todo el aire del mundo para luego gritar: ¡Gooooooooool de Mayté! Esa noche soñó que la luna era una gigantesca pelota de futbol.

Al día siguiente, en la escuela, Mayté recibió una sorpresa.

—¿Qué pasa Javier?

—Esteban dice que no jugarán contra niñas.

—Pero si ayer dijo que…

—Ya sabes cómo es él, un día dice una cosa y después dice otra.

—Gordo machista —Mayté estaba furiosa, justo ahora que su madre estaba convencida y que iba a convencer a su padre. Comenzó a caminar rápidamente y cruzó el patio hasta donde estaba Esteban.

—Dicen que ahora no quieres jugar —dijo Mayté.

—Ya te dije que no juego con mu-jer-ci-tas.

—Lo que pasa es que tienes miedo de perder.

—¿Miedo yo?

—Te hago una apuesta —dijo Mayté—. Te apuesto que si jugamos yo les hago dos goles.

"¡Dos goles!", pensó Esteban. Entonces, como además se creía el galán de la escuela, pensó que era una buena oportunidad para sacarle provecho. Después de todo, aunque fuera tan peleonera, Mayté era bastante linda.

—¿Y qué apostamos? —dijo el astuto de Esteban.

—Bueno, si hago los goles podré entrar a formar parte del equipo para siempre.

Esteban se rascó la nuca y luego dijo algo que hizo que el murmullo creciera entre todas las niñas que ya se habían juntado alrededor.

—Está bien. Pero si no haces los goles entonces tienes que ser mi novia.

Mayté se había quedado muda por la sorpresa, nunca había imaginado siquiera algo así. ¿Qué pasaría si perdía la apuesta? Mayté pensó en la plática que había tenido con su madre, y si iba a ser jugadora de futbol debía correr el riesgo. Así que levantó la cabeza, se puso las manos sobre la cintura y dijo casi gritando:

—¡Acepto!

El murmullo creció más y todas las niñas y los niños comentaron la apuesta.

—Avísanos cuándo es el partido, ya nos pusimos todas de acuerdo para ir —dijo una de las niñas dirigiéndose a Mayté.

Esa noche Mayté platicó con su papá y también le dijo lo que ocurriría si no metía los dos goles. Su padre finalmente se convenció de lo importante que era para su hija el futbol, y le prometió que no sólo la dejaría jugar, sino que además le enseñaría algunas cosas.

Los días siguientes, durante las clases, Mayté se imaginaba jugando futbol en el espacio, con la gran luna como pelota y, aunque al patearla con sus grandes botas metálicas ésta se había ponchado, Mayté no se preocupaba, pues sabía que en el espacio no había señoras entrometidas para delatarla.

A la hora de la salida, durante la formación, Esteban le entregó un papelito a Mayté.

—Ya verás si se lo enseñas a alguien —le dijo sonriendo y poniéndose muy rojo como si sintiera vergüenza por algo.

Era la primera vez que Mayté lo veía sonreír o ponerse colorado. ¿Qué diría el papel?

¡No podía creerlo!, Esteban le había escrito un poema. Mayté tuvo que leerlo una y otra vez. No entendía mucho de poemas porque en la escuela sólo había leído unos cuantos. Además, el redondo poeta había usado palabras como *cavelios* y *zonrisa*.

—¡Qué tonto! —exclamó Mayté al leer una parte que hablaba de "tus vellos hojos". Pero muy en el fondo sintió algo extraño, era otra vez esa sensación que le causaba aquella luna que se había desinflado en el espacio… o era también que a ella nunca le habían escrito un poema. A lo mejor eran todas esas cosas juntas, más el cambio que había tenido su padre. En fin, lo que fuera, ahora no importaba, sólo tenía que concentrarse en anotar los dos goles de la apuesta.

El sábado por la mañana el equipo de Chava y Mayté se reunió para entrenar. Decidieron llamar a su equipo *Diente de leche*, ya que todos jugarían con camisetas blancas, pues era el único color que todos tenían.

El papá de Mayté, como si fuera un gran maestro, le daba consejos:

—No le pegues con la punta del pie, tienes que darle así. Cuando tengas que marcar al contrario, siempre mira el balón y ponte delante. Si viene por arriba tienes que pegarle con la frente.

Mayté, que cuando había jugado sólo corría para donde los otros lo hacían y trataba de patear como pudiera, se maravillaba de descubrir que algo que parecía tan fácil tuviera tantos secretos. Finalmente, tuvieron una agotadora sesión de tiros a la portería, en donde el papá de Mayté hizo algunas veces de portero.

—No, Mayté, trata de pegarle abajo a la pelota y dirige el tiro hacia las esquinas, así es más difícil de agarrar.

Pero por más que lo intentaba, a Mayté siempre le salían igual los tiros, derechitos a la mitad de la portería, donde era facilísimo atajarlos. Mayté empezaba a preocuparse, ¿sería que ya no estaba tan segura de poder ganar?

A la mañana siguiente se levantó temprano y se puso su uniforme, su mamá le había dibujado en la camiseta un bonito número nueve, pues todos habían acordado que si tenía que anotar dos goles lo mejor sería que fuera centro delantero. Luego, caminó con sus papás hasta el deportivo.

Ahí ya todo estaba listo, sus amigas y amigos del salón estaban sentados en una banca echando porras y el señor Romualdo, a quien todos compraban pan por las mañanas, sería el árbitro. Parados en el centro de la cancha Esteban preguntó a Mayté si le había gustado el poema.

—Tiene muchas faltas de ortografía —dijo Mayté—. Cuídense porque voy a anotar dos goles.

El señor Romualdo miró su reloj y tocó su silbato. ¡El gran partido había comenzado!

En medio del público, el padre de Mayté se comía las uñas. Las cosas no iban muy bien para el equipo de su hija. Los jugadores del equipo rival eran más grandes y parecían tener siempre el dominio del juego. Un rato después, y justo cuando el partido se había puesto más parejo y hasta Mayté había logrado pegarle un par de veces a la pelota, sucedió lo inesperado.

Los Guerreros, el equipo de
Esteban, anotó el primer gol.
Un flaco rubio, que había corrido
desde la media cancha, esquivando
a todos, le pegó a la pelota tan fuerte
que aunque el pobre Javier voló
mejor que Supermán
no pudo alcanzarla.

El tiempo transcurría
y los *Diente de leche*
no conseguían el empate.
Esteban aprovechaba cada
momento para recordarle a Mayté
que tendría que ser su novia.
Mayté le sacaba la lengua y se
preocupaba aún más. Sin embargo,
inesperadamente, ocurrió el milagro:

Chava recibió un pase de Javier
y avanzó veloz por toda la cancha
haciendo amagues.

—¡Tira! —le gritaba Mayté
parándose en medio del área
enemiga.

Salvador tiró, pero no a la portería:
la pelota salió fuerte y directo hacia
donde estaba Mayté, quien se agachó
para esquivar el tiro y sin querer
consiguió darle con la frente.
La tribuna de *Los Guerreros*
enmudeció cuando la pelota picó en
el piso y luego pasó justo por encima

de Esteban. ¡Era el gol del empate!
Don Romualdo sonó su silbato.
Había terminado el primer tiempo.

El segundo tiempo, aunque muy
emocionante, transcurría sin goles.
Allá, cuidando su meta como si
fuera un castillo, Esteban seguía
riéndose; faltaban cinco minutos
y si Mayté no anotaba otro gol…

En las tribunas, las banderas se
agitaban como las velas de los
barcos piratas en medio de una
tormenta. El sol seguía haciendo
sudar a los jugadores. Un minuto.

Esteban se frotaba las manos,
aunque enseguida tuvo que frotarse
los ojos, pues creía estar viendo
un espejismo. Mayté le había robado
el balón al flaco rubio y se dirigía
sola hacia el arco. Mayté entró al
área, se preparó para tirar y ¡zas!
Cayó de rodillas sobre el pasto.
Uno de los defensores la alcanzó
y en un esfuerzo desesperado la
empujó. ¡Penal!, señaló el árbitro.
Era la última oportunidad, Chava
era muy bueno pateando penales
y estaba seguro de ganar el partido.
Pero también estaba el asunto
de la apuesta de Mayté. Los dos
se reunieron frente a la pelota.

—¿Qué quieres hacer? —preguntó Chava— ¿te animas a tirarlo?

"Abajo y a las esquinas", se decía Mayté recordando los consejos de su padre.

Esteban ya no se reía. Parecía muy preocupado. Prefería que tirara Chava, así aunque le anotara gol, él ganaría la apuesta. Además, si lo tiraba Mayté, no sólo no sería su novia, sino que en la escuela todos se burlarían de él porque una niña le habría ganado.

Mayté no sabía qué hacer. Miró a las tribunas y vio a su padre sonriente, luego vio a su mamá, la que había querido ser bailarina. Ella estaba allí tranquila, transmitiéndole confianza y serenidad. Eso era todo lo que ella necesitaba.

—Lo tiro yo —dijo finalmente Mayté.

El silencio se hizo presente en la cancha. Mayté miró a Esteban a los ojos. El señor Romualdo hizo sonar su silbato.

Mayté tomó vuelo, y avanzó un paso, dos, tres... el balón salió disparado.

Esteban tomó impulso, se estiró y se estiró, alargó sus brazos hasta

caer levantando una inmensa nube de polvo. Y después la explosión: ¡Goooooooooool!

Mayté corrió por toda la cancha con los brazos abiertos y estirados en forma de alas de avión. Después vinieron todos los abrazos y felicitaciones y los planes de las otras niñas para formar un equipo de futbol femenino y hacer un campeonato en la escuela.

De pronto Mayté escuchó que alguien decía su nombre. De pie, con la cabeza gacha, Esteban la llamaba. Mayté se le acercó.

—Te felicito —dijo Esteban con la cara roja.

—Gracias, te dije que podía.

Los dos se miraron sin saber qué decir. Finalmente y como si le costara un enorme esfuerzo, Esteban preguntó:

—¿Y si escribo poemas sin faltas de ortografía?

Mayté sonrió. Después de todo, nadie que escribiera poemas podía ser tan malo.

—A lo mejor... —contestó y se alejó corriendo para seguir festejando.

LECCIÓN 12

El papalote

Texto: PRONALEES

Ilustraciones: María del Roser Martínez Chalamansh

Como cada año, en una escuela primaria de Valle de Bravo se publicó un cartel con la convocatoria para el Concurso Anual de Papalotes para Niños de Cuarto Grado. Aunque sólo participaban los niños de un grado, todos en la escuela se entusiasmaban porque el concurso daba lugar a un gran espectáculo: el cielo se llenaba de papalotes de diferentes formas, tamaños y colores.

Mireya tenía sólo algunos meses de haber llegado a la escuela, por lo que el concurso era algo nuevo para ella. Después de leer la convocatoria pensó que hacer un papalote sería muy fácil y se animó a participar. Se acercó a sus compañeros, que se organizaban en el patio por equipos para construir los papalotes. Quiso integrarse en uno, pero le dijeron que todos los equipos eran de tres niños y ya estaban completos.

Muy triste, Mireya se sentó en las escaleras, puso su barbilla sobre las manos y observó a sus compañeros, mientras pensaba qué hacer. ¡Deseaba tanto participar en el concurso!

—¡Ya sé! ¡Yo sola haré mi papalote! —dijo, convencida.

Al salir de clases corrió a su casa, sacó dinero de su alcancía y fue a comprar papel. Luego caminó cerca del lago para cortar carrizos. De regreso, en su casa, preparó engrudo para comenzar a trabajar. Pegó el papel sobre el armazón de carrizo, pero el engrudo estaba tan aguado que el papel se deshizo. Mireya casi lloró al ver que todo su trabajo había sido en vano.

Al día siguiente, con nuevo entusiasmo, sacó otra vez dinero de su alcancía y compró más papel. Esta vez se quedó cerca del lago para armar su segundo papalote. Cuando el engrudo se secó, decidió probarlo, pero con tan mala suerte que el papalote no se elevó lo suficiente y quedó enredado entre las plantas. Mireya le dio un tirón al hilo para destrabarlo pero sólo consiguió romper el papalote.

Esta vez, las lágrimas rodaron por sus mejillas sin que pudiera evitarlo. Desanimada resolvió olvidarse del concurso y regresar a su casa.

En el camino se encontró con Miguel, uno de sus compañeros, que recientemente se había fracturado una pierna al caer de un caballo.

—¿Qué te pasa Mireya? ¿Por qué lloras? —dijo Miguel apoyado en un par de muletas.

—No pude formar equipo con nadie para entrar al concurso, y pensé que yo sola podría hacer un papalote, pero… no pude ¡y deseaba tanto participar!

—Yo también quería participar, pero no conseguí equipo y, además, con una pierna fracturada no podría volarlo. Hacer un papalote no es fácil, y eso que ya he hecho varios.

—¿Te gustaría formar equipo conmigo? —preguntó Mireya con el rostro iluminado de felicidad—. Podemos hacer el papalote juntos y yo me encargaría de volarlo en el concurso.

—Me parece muy buena idea, tú me ayudas y yo te ayudo.

Los niños se despidieron, y acordaron verse al día siguiente en casa de Miguel para armar el papalote.

Cuando regresó de la escuela, Mireya preparó el engrudo y lo guardó en un frasco. Después caminó hasta el lago y se dedicó a cortar carrizos de todos los tamaños. Estaba tan contenta… sin embargo su entusiasmo desapareció cuando llegó a la casa de Miguel, quien al abrir la puerta enseguida comentó:

—Esos carrizos están muy húmedos.

—¿Y eso es malo? —replicó Mireya.

—Pues sí, porque pesan mucho y si los usamos el papalote no se elevará. Necesitamos unos que estén secos, pero no tan secos porque podrían quebrarse.

—¡Qué dificultad! ¿Y dónde vamos a conseguir unos carrizos así?

—Pues en la punta del cerro. Ahí puedes escoger los mejores carrizos.

—¿Yo? No, tú me tienes que acompañar porque yo no sé cómo escogerlos.

—Está bien, vamos.

Habían recorrido apenas un corto trecho cuando pasó por ahí un señor con un burro y los niños le contaron lo que les sucedía. El señor, que había asistido a los concursos de papalotes, les ofreció ayuda para subir y bajar el cerro. Entonces el señor y Mireya ayudaron a Miguel a subirse al burro, y de esta forma llegaron a la parte más alta del cerro.

—Corta ése, y éste, también aquél y éstos —le indicaba Miguel a Mireya. Cuando tuvieron los carrizos necesarios, bajaron muy contentos con la ayuda del señor y su burro. Agradecieron la ayuda y se despidieron.

Cuando llegaron a la casa Miguel dijo: ¿Compraste el papel?

—¡Se me olvidó! Ahorita voy por él.

—Mejor vamos juntos.

En la papelería, escogieron
los pliegos de color más brillante.
Pidieron uno violeta, uno rojo,
otro amarillo y uno más de color
azul. Mireya contó las monedas
que llevaba para pagar. Las contó
por segunda y por tercera vez.
No podía creer que tuviera
tan mala suerte.

—Híjole, no me alcanza.
¿Cuánto traes, Miguel?

—Pues nada más esto —dijo
y estiró la mano para ofrecer
un par de monedas.

—Con eso tampoco alcanza.

—Si quieren luego pasan y me dan
el resto —ofreció el dependiente,
que conocía a los niños y disfrutaba
tanto como ellos el día en que todos
los grupos de cuarto grado volaban
sus papalotes en la escuela.

—¿De veras? ¡Muchas gracias!
—Mireya tomó los pliegos del
mostrador y salió con Miguel de la
papelería.

Ya en la casa, los dos compañeros
se pusieron a trabajar y un par
de horas después el papalote
estaba listo.

El día del concurso no hubo clases y todos salieron al campo para ver cómo volaban los papalotes. El de Mireya y Miguel era de los más bonitos. "Es el mejor", afirmaban ellos.

No sólo tenía los colores más atractivos y la figura más llamativa, también era uno de los que volaban más alto. "Está por encima de todos", aseguraban ellos.

Y al parecer tenían razón, porque los jueces del concurso les dieron el primer lugar.

—¡Qué bueno que trabajamos juntos! —dijeron.

Sin duda, para ellos ese papalote significó mucho más que un premio.

LECCIÓN 13

PX desaparece

Texto: PRONALEES *(adaptación libre sobre una historia original de Mireya Tabuas)*
Ilustraciones: Tania Janco

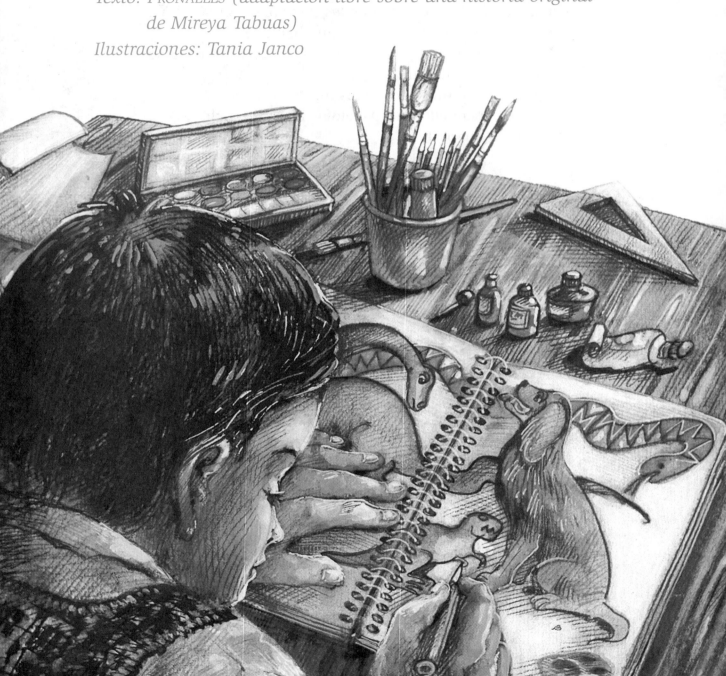

Estoy esperando a que llegue *PX*. No sé cómo le hace para escabullirse hasta mi cuarto sin que nadie lo vea. *PX* es mi perro, y lo llamo así porque todo él es un misterio. *PX* es pequeño y peludo, tan peludo que sus largas mechas le cubren los ojos y el hocico. Estoy preocupado porque hace dos semanas que no viene. Algunas veces llegaba con plumas pegadas a las patas. A mí me gustan todos los animales, pero prefiero a los perros porque son muy inteligentes. Creo que cuando crezca seré veterinario, pero sólo de perros.

También me gusta sentarme en el piso a dibujar y pintar. Saco papel, lápices y frascos con diferentes colores. Dibujo y pinto perros, caballos, víboras y dinosaurios. *PX* mete sus patas delanteras en los frascos, como si fueran pequeñas brochas, y también pinta. ¡Cómo nos divertimos! Creo que cuando crezca, además de veterinario de perros también seré pintor.

Nadie sabe de la existencia de *PX*. Ni mi mamá, ni mi papá, ni el preguntón de Fede.

Es un secreto.

Pero *PX* no puede desaparecer así como así. Tengo que encontrarlo. Pensaré en un buen plan.

En el momento en el que estoy pensando cómo encontrar a *PX*, entra Fede. El nombre completo de Fede es Federico. Es mi hermano menor y tiene cuatro años. No hay nada más terrible que tener un hermanito preguntón de cuatro años.

—¿Tú sabes cómo nacen los bebés?

—No —le respondo para que no siga preguntando.

—Yo sí sé —dice Fede.

Y se va con su sonrisa de oreja a oreja. ¡Qué manera más tonta de interrumpir!

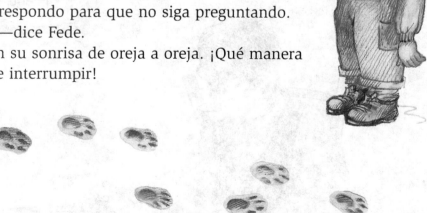

Sigo preocupado. ¿Qué le sucedió a *PX*? Pienso en las siguientes posibilidades:

a) Se perdió.
b) Me abandonó.
c) Se lo robaron.

Analizo cada una:

a) Aunque es posible, no lo creo. *PX* es un perro aventurero y muy listo.
b) No pudo abandonarme, *PX* es mi amigo y los amigos no se dejan.
c) Se lo robaron… ¡Eso es! Se lo robaron.

El plan

Busco un libro en la caja que está debajo de mi cama. Es un libro muy interesante que me regaló mi papá; se llama *Cómo ser un buen detective*. Porque, cuando yo sea grande, además de veterinario de perros y pintor, también quiero ser detective.

En el libro dice que debo formular una hipótesis. Entonces pienso y formulo una:

"A *PX* se lo robó alguien que no quiere a los perros".

También dice en el libro que para iniciar una investigación, después de formular la hipótesis, hay que escribir una lista con los nombres de los sospechosos.

Después de pensar y pensar, creo que en el barrio viven cuatro personas que podrían ser responsables de la desaparición de *PX*. Escribo en una libreta la siguiente lista:

Los sospechosos
1. El señor misterioso de la casa 416.
2. El carnicero de la carnicería sin número.
3. La señora Polita, que vive en la casa 410.
4. La niña más antipática de la escuela, que vive en la casa 412.
(Federico no es sospechoso, él es simplemente mi hermanito preguntón).

La investigación

Escribo en la libreta los siguientes datos de cada sospechoso: descripción, ocupación e indicios. Así dice en el libro para detectives. Me preparo para iniciar la búsqueda de *PX*. Llevo mi libreta y mi lápiz para anotar mis observaciones.

Sospechoso # 1
El señor misterioso de la casa 416
    Descripción: Es un señor extraño.
    Ocupación: Nadie sabe a qué se dedica ni cómo se llama.
    Indicios: Este señor no habla con nadie. Si no le gusta la gente, es seguro que tampoco le gustan los animales.

Pues ni modo, si no le gusta hablar con la gente, conmigo tendrá que hablar. Me dirijo a su casa. Toco a la puerta decidido. Es él quien abre. ¡Qué raro! Tiene lágrimas en los ojos. De seguro ya se arrepintió de secuestrar a mi perro ¡Pobre *PX*! Me invita a pasar. Entonces le digo muy serio:

—Señor, vengo a investigar la desaparición de un perro.

—¡Un perro! ¿Cómo te enteraste de que se perdió mi perro?

—¿Tiene un perro? —pregunto sorprendido.

—Sí, se llama *Bailador* ¡Le encanta escuchar música! Daba brincos y movía la cola al escuchar la música. Los dos pasábamos horas muy divertidos. Pero llevo dos semanas esperándolo y no viene.

"¡Un perro que baila! ¿Se lo habrá robado de algún circo?", pienso.

—Yo me siento muy solo y triste desde que él desapareció. ¡No sé que haré sin *Bailador*!

—No se preocupe. Yo le ayudaré a buscarlo. Y pienso: el señor extraño no es tan extraño. Le gustan los animales y escucha música, como la mayoría de la gente. Cuando yo sea grande, además de veterinario de perros, pintor y detective, también me gustaría ser músico.

Ahora no es uno, sino dos los perros que están perdidos: *PX* y *Bailador*.

Iré a visitar al sospechoso número dos.

166

LECCIÓN 13

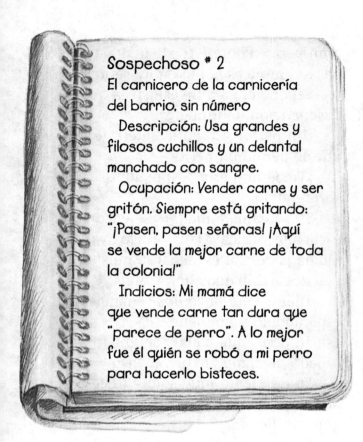

Sospechoso # 2

El carnicero de la carnicería del barrio, sin número

Descripción: Usa grandes y filosos cuchillos y un delantal manchado con sangre.

Ocupación: Vender carne y ser gritón. Siempre está gritando: "¡Pasen, pasen señoras! ¡Aquí se vende la mejor carne de toda la colonia!"

Indicios: Mi mamá dice que vende carne tan dura que "parece de perro". A lo mejor fue él quién se robó a mi perro para hacerlo bisteces.

Llego a la carnicería. Para mi buena suerte no hay gente comprando. El sospechoso está solo.

—Buenas tardes muchacho. ¿Qué vas a llevar? —pregunta sonriente.

Antes de que pueda decir algo, me vuelve a preguntar:

—¿Tú mamá te encargó picadillo, bisteces o retazo con hueso para un buen caldo?

Lo miro enojado. ¿Cómo es que sonríe ante mi preocupación y angustia?

—¿Por qué me miras así? De seguro se te olvidó lo que ibas a comprar.

—No. Lo que pasa es que estoy buscando a un perro y...

—Aquí el único que viene es el *Guardián*, mi perro. Bueno, aunque hace dos semanas que no me visita. Llegaba muy limpio. Es un buen perro. Se echa en la entrada de la carnicería y si ve a un desconocido le ladra muy fuerte. ¡Lo extraño tanto!

Así que el carnicero también tiene un perro. Él no puede ser el culpable.

—Yo le ayudaré a buscar a *Guardián* —le digo de pronto.

Y el carnicero sonrió. En ese momento me di cuenta de que era una persona amable.

Entonces pensé que cuando sea grande, además de veterinario de perros, pintor, detective y músico, también quiero ser comerciante.

¡Ahora sí que estoy en un lío! Tengo que encontrar a tres perros: *PX*, *Bailador* y *Guardián*.

Me armo de valor para investigar al siguiente en mi lista de sospechosos.

Sospechoso # 3

La señora Polita de la casa 410

Descripción: Es la señora más temible de todo el barrio.

Ocupación: Correr detrás de los niños con una escoba en la mano para que no nos acerquemos a sus pájaros, gallinas, pollos y guajolotes.

Indicios: Le gustan los animales, pero sólo los que tienen alas y pico.

Quizás no es una buena pista, pero como detective debo investigar todo.

Estoy frente al zaguán de su casa. Tiemblo al pensar en su escoba. De seguro la usó para deshacerse de los tres perros. Toco y pienso en correr, pero en ese momento ella abre la puerta.

—¿Qué quieres? —pregunta molesta.

No sé qué decir. Después de todo no es fácil tener a la mujer más temible del barrio mirándote fijamente a los ojos.

—Dime lo que quieres o vete. Tengo muchas cosas que hacer.

—¿U... Usted tiene perros?

—¡No! Lo que tengo son pájaros, gallinas, pollos y guajolotes que son animalitos muy tranquilos.

Se rasca la cabeza y continúa:

—Bueno, sólo algunos días tengo un perro. Pero todos se alborotan y arman gran escándalo por su culpa.

—¿Cuál perro? —la interrumpo.

—*Latoso*, un perro que se aparece por aquí. Con sus brincos y maromas hace que mis pajaritos trinen a más no poder y que las gallinas, pollos y guajolotes corran por todo el patio. Aunque hace dos semanas que no viene. Creo que mis animalitos lo extrañan. Después de todo, *Latoso* no era tan desagradable.

—Si encuentro a ese perro, *Latoso*, yo le aviso.

Creo que la señora Polita no es tan enojona, ¡está triste por ese perro! Dicen que el mejor remedio para ayudar a la gente que está triste es hacerla reír. Cuando yo sea grande, además de veterinario de perros, pintor, detective, músico y comerciante, también quiero ser payaso. Pero antes, tengo que encontrar a cuatro perros: *PX*, *Bailador*, *Guardián* y *Latoso*.

Sólo me queda un sospechoso para investigar.

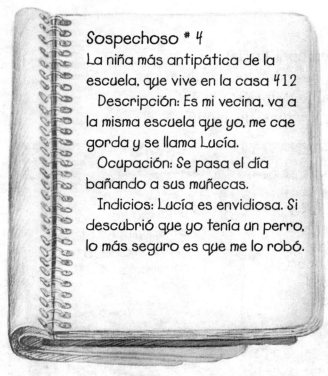

Sospechoso # 4

La niña más antipática de la escuela, que vive en la casa 412

Descripción: Es mi vecina, va a la misma escuela que yo, me cae gorda y se llama Lucía.

Ocupación: Se pasa el día bañando a sus muñecas.

Indicios: Lucía es envidiosa. Si descubrió que yo tenía un perro, lo más seguro es que me lo robó.

Camino hacia su casa, de repente escucho su voz.

—¡Fuiste tú! —dice enojada—.Tú te robaste a mi perro *Muñeco*.

Me quedé boquiabierto ¡Ella también tiene un perro! No puede ser.

—*Muñeco* llegaba a mi casa sucio y yo lo bañaba. Te he estado observando y estoy segura de que tú lo tienes.

—¡No! Yo no tengo a tu perro. No te preocupes, yo te ayudaré a encontrarlo. Pero antes tengo que pensar, porque ahora son cinco los perros desaparecidos.

—¿Cinco perros? Yo te ayudo.

—Nadie puede ayudarme a pensar —le digo mientras camino hacia mi casa.

—Pero, yo quiero ayudarte.

Ni modo, tengo que aceptar. Cuando Lucía se propone algo no hay nada que la detenga. Por eso me cae gorda: ¡es tan necia!

El misterio se resuelve

En mi casa le conté todo lo sucedido a Lucía:

—Hay cinco perros perdidos y de todos los sospechosos que investigué ninguno es culpable. Mira ésta es la información que obtuve durante mi investigación:

1. PX: mi perro. Llegaba con algunas plumas en las patas. Pintaba figuras de colores con sus patitas delanteras.

2. Bailador: el perro del señor misterioso. Cuando lo visitaba daba brincos al escuchar música.

3. Guardián: el perro del carnicero. Llegaba limpio y cuidaba la carnicería.

4. Latoso: el perro de la señora Polita. Aparecía dando brincos que alborotaban a sus pollos, pájaros, gallinas y guajolotes.

5. Muñeco: el perro de Lucía. Llegaba sucio y Lucía lo bañaba.

Mi antipática vecina, después de leer, sonrió y dijo:

—¡Ya sé! No son cinco perros los que buscas. Sólo es uno. Luego me explicó:

—El día que el perro te visitaba llegaba con plumas pegadas en las patas porque había estado antes con los pollos y guajolotes de la señora Polita. Con la señora Polita brincaba igual que en la casa del señor misterioso. Cuando iba con el carnicero llegaba limpio porque yo lo bañaba. Yo lo bañaba porque tenía en las patas la pintura que utilizaba contigo cuando pintaban.

No lo puedo creer. ¡PX ha sido un perro mentiroso y traicionero! Así que visitaba a mis vecinos y tiene cinco nombres distintos. ¡Qué perro tan mañoso! Ya no lo voy a buscar.

De pronto se nos acerca Fede con sus tontas preguntas:

—¿Cuando los bebés son niños bebés dónde duermen?

—En su cuna —responde Lucía.

—¿Y los bebés que son bebés perritos dónde duermen?

—Duermen en un trapo sobre el piso. Y ahora vete, que tenemos un gran problema —le digo.

—¿Y qué comen los bebés perritos?

—Toman leche —dice Lucía desesperada.

—Está bien, me voy, pero sólo si me dan un trapo y un vaso con leche —dice sonriente.

Repentinamente, como si mi cabeza se iluminara, lo entiendo todo. Fede, Federico mi hermanito preguntón de cuatro años, del que no sospeché, ¡es el culpable!

Corrimos al cuarto de Fede y ¡sorpresa! Ahí estaba PX con cuatro perritos. Otra mentira más: PX no es perro, ¡es perra!

—¡PX! —grité y la abracé.

Un final inesperado pero feliz

Después de resolver el misterio de la desaparición de PX le conté a mis vecinos lo que sucedió. Entonces cada uno quiso quedarse con uno de los cachorros:

1. El señor misterioso llamó al suyo *Bailador*.
2. El carnicero llamó a su cachorro *Guardián*.
3. La señora Polita llamó a su cachorro *Latoso*.
4. Lucía llamó a su cachorro *Muñeco*.
5. Fede y yo nos quedamos con la mamá de los perritos, a la que seguimos llamando PX.

PX visita a sus cachorros todos los días y juega con ellos.

Ahora Lucía y yo somos amigos: me ayudó a resolver la desaparición de PX y, después de todo, no es tan antipática.

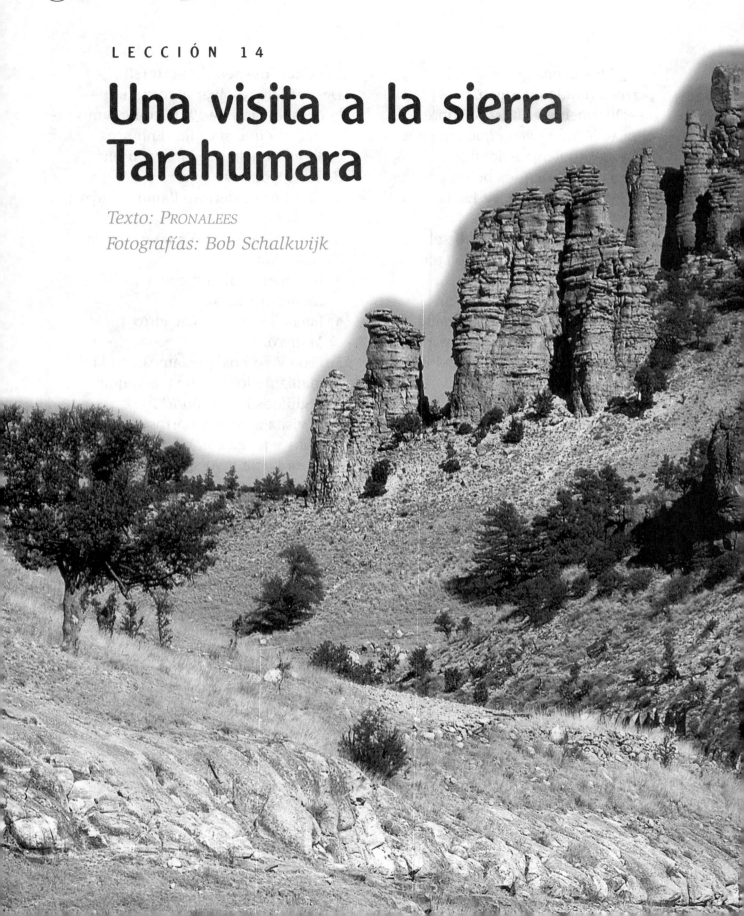

LECCIÓN 14

Una visita a la sierra Tarahumara

Texto: PRONALEES

Fotografías: Bob Schalkwijk

Los viajes siempre me emocionan porque me dan la oportunidad de conocer diversos lugares y sobre todo a la gente.

El año pasado viajé por el norte de México. Quería visitar un albergue que está en la sierra Tarahumara para conocer a los niños que allí viven y estudian.

Primero llegué a la ciudad de Chihuahua. Allí tomé el tren que atraviesa la sierra Tarahumara y baja por la costa del Pacífico hasta Topolobampo, Sinaloa, donde termina su recorrido.

Me impresionó la belleza del paisaje, formado por bosques de pinos y profundas barrancas. La Barranca del Cobre es quizá una de las más hermosas; por ella pasa un gran río que después se dispersa en arroyos y bellísimas cascadas.

Bajé del tren en Creel. En este pueblo de Chihuahua tomé un camión para ir a San Ignacio, donde está el albergue.

Llegué al albergue alrededor del medio día. Me presenté con la directora y le expliqué el objetivo de mi visita. Ella me recibió amablemente:

—Nos da gusto tenerla aquí, maestra. Quédese a comer con nosotros.

Enseguida acepté. La directora me acompañó después a recorrer el albergue y me explicó que ahí viven 80 niñas rarámuris y que todos los días asisten a la escuela de la localidad.

—¿Rarámuris? —pregunté.

—Sí, son rarámuris, que significa *pies ligeros.* Casi todos los que vienen de fuera les llaman tarahumaras, pero ellos dicen que sólo la sierra se llama Tarahumara.

La directora agregó:

—Sería muy interesante que platicara con Julia, una niña de sexto grado. Ella además de hablar tarahumara ha aprendido muy bien español. Julia es huérfana, sus padres murieron, como muchos rarámuris, a causa de la picadura de una serpiente de las que abundan en la región. Actualmente vive en el albergue, asiste todos los días a clases y los fines de semana visita a sus tíos.

Durante la comida pude conocer a Julia, es una niña agradable y de ojos negros muy alegres. Vestía una falda estampada con colores fuertes, una blusa con amplias mangas y huaraches.

Julia estaba muy contenta porque le habían dicho que al final del curso podría ir a Sisoguichi a estudiar la secundaria. Allí mismo, podría entrar después a la normal, pues ella deseaba ser maestra para dedicarse a enseñar en tarahumara.

—¿Te gustaría ser maestra para trabajar en la ciudad? —le pregunté.

—¡No! —se apresuró a responder—; me gusta mucho vivir aquí en la sierra.

Continuamos platicando y al atardecer, cuando me despedí, Julia
se ofreció a acompañarme hasta el lugar donde me hospedaría.
En el camino le pedí que me contara algo más acerca
de los rarámuris y la vida en la Tarahumara.

Me comentó que las mujeres hacen cerámica, tejidos
de manta o fabrican canastas y petates con hojas de
una planta parecida a la yuca; los hombres se dedican
a las labores del campo y a cortar madera para
construir sus casas.

Después me dijo que todo el trabajo se hace
colectivamente, sobre todo dentro de la familia; cuando
necesitan ayuda incluso invitan a sus vecinos y amigos
para que colaboren.
Entonces organizan
reuniones, a las que llaman
tesgüinadas, pues en éstas los adultos
beben *tesgüino,* que es una bebida
de maíz parecida a la cerveza.

—¿Y por qué se llaman rarámuris
o *pies ligeros*? —pregunté.

—Porque nos gusta mucho correr.
Organizamos competencias,
la de los hombres se llama
rarapípama, que es una carrera donde con los pies
van empujando una bola de madera. Las mujeres
hacemos una carrera de aros que llamamos *ariweta*.

—¿Y tú has participado en alguna?

—Sí —contestó muy orgullosa Julia— el fin
de semana pasado organizamos una competencia
en casa de mis tíos
y yo gané.

—¿Y no te da miedo caminar sola por la sierra cuando vas a casa de tus tíos?

—No… bueno, sólo una vez me dio miedo. Un viernes comenzó a llover muy fuerte y me metí a una cueva. De pronto, ahí adentro, escuché que alguien respiraba. Me asusté mucho y comencé a llorar. Luego escuché una dulce voz, que me hablaba en tarahumara: "No te asustes", me dijo. Y poco a poco me calmé. Ya tranquila, pude ver que era una mujer la que estaba junto a mí. Se llamaba Lorenza y me contó que desde hacía muchos años vivía en esa cueva.

—¿En una cueva? —la interrumpí.

—Sí, muchos rarámuris viven en cuevas para protegerse del frío en el invierno y del calor en verano —contestó Julia.

—¿Y luego que pasó? —pregunté con curiosidad.

—Le expliqué que iba a casa de mis tíos, pero como llovía tan fuerte decidí refugiarme en la cueva. Estuvimos platicando un largo rato y comimos juntas. Desde entonces Lorenza y yo somos muy amigas y todos los viernes paso a visitarla. Ella me ha enseñado muchas cosas: sobre las plantas, los animales y me ha contado leyendas tarahumaras.

Me sentía tan bien en compañía de Julia que ni siquiera me di cuenta de que había oscurecido y ella debía irse a dormir.

Antes de despedirnos, todavía me dio otro dato interesante sobre los rarámuris: no tienen un nombre fijo, lo pueden cambiar cuando quieren. Por ejemplo, pueden ponerse el nombre de las personas que más quieren o admiran.

Ella decidió que cuando sea grande se va a llamar Lorenza.

En los días siguientes de mi estancia en aquel lugar
platiqué con otros niños y con los maestros; cada día aprendí
un poco más de los rarámuris.

El día de mi regreso, después de visitar a la directora y
agradecer su hospitalidad, me despedí de Julia.

—La próxima vez que vengas a la sierra Tarahumara —me
dijo—, si me buscas, pregunta
por Lorenza, la que antes
se llamaba Julia.

LECCIÓN 15

Las abejas

Texto: PRONALEES

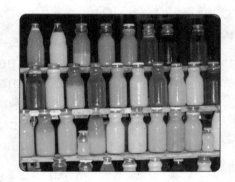

Hay varios tipos de abejas, pero sólo
las *melíferas* producen uno de los alimentos
naturales más sabrosos: la miel. Para ello
deben chupar el néctar de las flores,
además de preparar los panales donde
viven y almacenan la miel.

La abejas recolectan la resina que está en la
corteza de algunos árboles; conforme la chupan
con la lengua y la trompa, la guardan en ocho
bolsitas que forman parte de su abdomen.
Cuando las bolsitas están llenas, llevan la resina
a su boca y la mastican hasta
que cuaja y se forma una
cera. Con ésta van levantando
pequeñas celdas hexagonales,
una tras otra. Así, poco a
poco construyen el panal.

Para recoger el néctar de las flores, las abejas también usan
la lengua y la trompa, pero no lo guardan en el abdomen
sino en un recipiente que tienen
en el estómago. Cuando
regresan al panal, ponen
el néctar en las celdas de cera,
donde se va espesando hasta
convertirse en miel. Entonces,
las abejas cierran las celdas
herméticamente con cera,
y así la miel no se contamina.

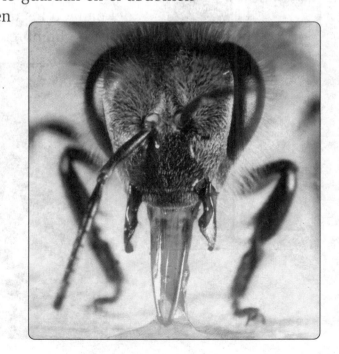

En cada panal viven entre 40 000 y 50 000 abejas. Las que producen la miel son conocidas como abejas obreras y constituyen la población más grande del panal. Junto con ellas viven los zánganos y la abeja reina.

La abeja reina es más grande que las otras y sólo ella puede poner

huevos, para lo cual también usa las celdas del panal. Únicamente puede vivir una reina en cada panal. Cuando nace otra debe irse junto con un grupo de abejas a formar un panal nuevo.

Los zánganos no producen cera ni miel; su único trabajo consiste en fertilizar a la abeja reina. Por cada 100 obreras hay de cinco a 10 zánganos. Si la población de zánganos rebasa este límite, las obreras los echan del panal o los dejan morir de hambre.

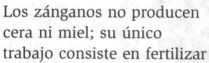

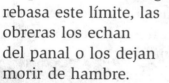

Otra de las tareas de las abejas obreras es buscar y avisar a sus compañeras si hay algún campo florido de donde puedan extraer el néctar. Cuando lo encuentran, regresan al panal, vuelan en círculos y arrojan parte del néctar que chuparon, así las otras abejas saben que deben volar en círculos cada vez más grandes hasta dar con el campo de flores que las *exploradoras* les señalaron.

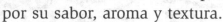

Las abejas se alimentan de la miel que producen y siempre cuentan con reservas para sobrevivir cuando las flores escasean. Normalmente viven de seis a 10 semanas, aunque las nacidas durante el otoño gozan de un periodo de vida más largo, gracias a que en invierno no salen del panal.

Hoy día, nuestro país es uno de los grandes productores mundiales de miel. En los Estados Unidos y Europa, la miel mexicana es de las preferidas por su sabor, aroma y textura.

La cría de abejas entre los mayas

En el México antiguo, los mayas aprendieron a cultivar una especie de abejas que llamaban *xuna' am kab*. Construían pequeñas chozas para que adentro las abejas hicieran sus panales y periódicamente los sacaban para recoger la miel.

Los mayas usaban la miel para endulzar una bebida ritual conocida como *balché*. Con el tiempo llegaron a dominar tan bien el cultivo de las abejas, que pudieron venderle miel a los pueblos de los territorios que hoy forman los países de Honduras y Nicaragua. Incluso los mexicas intercambiaban con los mayas cacao y piedras preciosas por miel.

Después de la conquista española, el cultivo de abejas se incrementó entre los mayas, sobre todo en Yucatán, gracias a la importación de una especie de abeja europea capaz de producir mayores cantidades de miel que las abejas de la zona.

Actualmente, la apicultura, como se llama
al cultivo de abejas, se practica en gran parte
de la península de Yucatán, donde los campos
de flores han permitido obtener la miel más
aromática del país.

LECCIÓN 16

Gulliver en el país de los gigantes

Texto: PRONALEES *(versión libre de la obra de Jonathan Swift)*
Ilustraciones: Claudia Legnazzi

Después de algunos años, Gulliver se embarcó nuevamente. Ahora en un velero llamado *Aventura*, que tenía por destino la India.

Cuando el velero pasaba cerca de la isla de Madagascar comenzó una terrible tormenta que duró 20 días y lo arrastró muy lejos de su ruta.

Capitán, según mis cálculos nos hemos alejado 500 leguas hacia el este.

¡Dios mío, es demasiado! no sabemos en qué parte del mundo nos hallamos.

La reina ordenó que le construyeran una lujosa casita con techo desmontable.

Buenos días, Grildring, ¿Cómo amaneciste?

¡Oh, muy bien! ¿Qué haremos hoy, pequeña?

Llevaban a Gulliver de un lado a otro en una cajita que sujetaban al cinturón de la niña. De esa manera conoció toda la ciudad y sus alrededores.

Este lugar es extraordinario.

Los reyes estaban felices con su nueva adquisición. Gulliver comía con ellos y les contaba las costumbres de su país.

No somos seres primitivos. En mi mundo existen muchos avances en el arte y la ciencia.

¡No puedo creerlo!

A pesar de ser tratado con cuidado y amabilidad, Gulliver vivió experiencias desagradables... En una ocasión estuvo a punto de morir cuando el perro del palacio quiso jugar con él.

¡Suéltalo, vas a lastimarlo!

Con frecuencia, sólo por diversión, la reina y sus damas ponían a Gulliver en un barquito de madera a navegar dentro de una tina con agua.

En otra ocasión, un mono que tenían en el palacio se apoderó de Gulliver. Cuando lo descubrieron, el mono huyó subiéndose a un tejado.

¡Auxilio, el mono atrapó a Grildring!

Aun así, la mayor parte del tiempo, Gulliver era tratado con el máximo cuidado y bondad.

¿Qué desea hacer hoy, querido Grildring?

Ir a la biblioteca a leer, su majestad.

Así pasó el tiempo y Gulliver cada vez sentía más nostalgia por su hogar.

¿Por qué estás tan triste, Grildring?

Extraño mucho mi país y a mi familia.

Un día, los reyes, la niña y Gulliver fueron de paseo a la playa. De pronto...

La enorme ave clavó sus garras sobre la casita de Gulliver y la elevó por los aires.

¡Grildring!

¡Socorro! ¡Un águila!

¡Auxilio!

En pleno vuelo, apareció otra águila. Las dos aves comenzaron a pelear y la casita cayó en medio del mar, muy lejos de la costa.

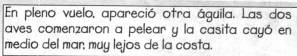

Como la casita era de madera, se mantuvo a flote hasta que, para su fortuna, Gulliver vio venir una embarcación inglesa.

¡Ayuda!

No se desespere, en un momento lo rescataremos.

La tripulación del barco se quedó sorprendida cuando Gulliver les platicó sus aventuras en el país de los gigantes.

... comían pescados del tamaño de ballenas...

¡Es increíble!

Y así, Gulliver logró llegar a su país y estar con su esposa y sus hijos.

¡Mi querida familia!

¡Papá! ¡Papá!

¡Qué alegría verte de nuevo!

Tiempo después, a pesar de las experiencias que había tenido, Gulliver aceptó embarcarse como médico de a bordo en una nueva aventura...

LECCIÓN 17

Los viajes de Marco Polo

Texto: PRONALEES

Ilustraciones: Leonid Nepomniachi

Marco Polo nació a mediados del siglo XIII en Venecia, una hermosa y rica ciudad de Europa, famosa por tener canales en lugar de calles y por su gran actividad comercial. En esa época, los muchachos venecianos asistían pocos años a la escuela, porque debían trabajar: eran embarcados por sus padres para que viajaran y aprendieran los secretos del comercio.

Uno de los lugares más importantes para los mercaderes era el Oriente, porque sólo allí podían encontrar especias o condimentos —como la pimienta, la canela y el azafrán— y una tela finísima originaria de China: la seda. Aunque los mercaderes debían recorrer grandes distancias por tierra y por mar para obtener esos productos, les convenía emprender el viaje porque al vender especias y seda en Europa conseguían muy buenas ganancias.

Nicolás y Mateo, padre y tío de Marco Polo, ya habían estado en China, donde el emperador Kublai Khan los había recibido con interés y les había pedido que regresaran pronto.

Cuando Marco Polo cumplió 17 años, su padre y su tío decidieron emprender un nuevo viaje hacia China y lo llevaron con ellos.

El viaje fue difícil. Por tierra había pocas vías, y en ocasiones viajaban por mar que, pese a las tempestades, era la forma más segura y rápida de viajar. Los tres hombres encabezaron una caravana que tardó tres años en atravesar diferentes territorios antes de llegar a China. Incluso se vieron obligados a cruzar un terrible desierto, por lo que sufrieron la falta de alimento y agua.

Cuando llegaron a China, el ejército de Kublai Khan salió a su encuentro y los condujo hasta la corte.

El emperador pronto apreció la inteligencia de Marco Polo, quien, a su vez, quedó admirado por el carácter y la sabiduría de Kublai Khan. En poco tiempo los tres venecianos se ganaron la confianza del gobernante y éste los tomó a su servicio.

Marco Polo gozó siempre de un trato especial y de un lugar privilegiado entre los miembros de la corte. No sólo era una especie de consejero, que escuchaba al emperador y discutía con él sus puntos de vista, sino que también lo acompañaba en las ceremonias y salían juntos a cazar.

Una vez que Marco Polo aprendió perfectamente el idioma del emperador, el gran Kublai Khan le pidió que cumpliera algunas tareas como su representante. Marco Polo fue primero a la Cochinchina, después a la India y a otros países de Oriente. Durante 17 años Marco Polo viajó a lo largo y a lo ancho del imperio y llegó a conocerlo como la palma de su mano.

Durante sus viajes escribía apuntes y gracias a ellos Europa se enteró, tiempo después, de que en China se habían inventado herramientas y materiales de gran utilidad: la brújula, los anteojos y el papel son algunos ejemplos.

Marco Polo también describió las ciudades que visitó. Unas eran famosas por la seda y otras por la porcelana o las especias que producían. De algunos lugares le interesó el uso del papel moneda y el carbón, que en Europa aún no se conocían.

Después de tantos años de vivir en la corte y trabajar para el emperador, Marco Polo, su padre y su tío habían acumulado grandes riquezas y honores; sin embargo, en China no estaba su hogar y deseaban volver a Venecia. Kublai Khan no veía con buenos ojos este sentimiento, y cada vez que ellos hablaban de regresar él cambiaba de tema y su rostro se ensombrecía.

Fue entonces que una embajada del rey de Persia llegó a la corte del emperador para solicitar que una noble doncella china se casara con su rey. La princesa Cocicin fue elegida y los venecianos se ofrecieron para acompañarla. Kublai Khan aceptó. Llenó de regalos a sus tres amigos y los dejó partir, con la promesa de que algún día regresarían.

Para ir a Persia no siguieron el mismo camino que años atrás habían tomado para llegar a China.

Esta vez tocaron tierras donde ningún europeo había estado jamás. Marco Polo se asombró como nunca al ver elefantes, rinocerontes y *hombres del bosque,* es decir, alguna especie de gran simio que habitaba en la selva. Para él se trataba de animales fantásticos, dignos de la imaginación más atrevida. Cuando finalmente llegaron a Persia, destino de la princesa, se enteraron de que el emperador Kublai Khan había muerto.

La noticia llenó de pesar a los tres hombres; sin embargo, la muerte del emperador también los liberaba de su promesa. Ya nada los retenía en Oriente.

Marco Polo, su padre y su tío siguieron su camino rumbo a Europa.

Un año después de su llegada, Marco Polo se convirtió en capitán de una galera y durante una batalla de los venecianos contra los genoveses fue hecho prisionero. Mientras estuvo preso le contó a su compañero de celda los detalles de todos sus viajes. Este hombre se entusiasmó tanto con las historias que escribió un libro llamado *El millón*. El libro empezó a circular por Europa con mucho éxito. La gente lo leía con curiosidad, convencida de que muchas de las cosas que se contaban eran pura fantasía.

Doscientos años después, uno de los lectores más entusiastas de ese libro fue Cristóbal Colón. Hay quienes piensan que Colón no se habría aventurado a buscar nuevas rutas para llegar a Oriente si no hubiese leído antes *El millón*. Y si Colón no se hubiera atrevido a navegar, no habría llegado a la isla de San Salvador, territorio de la actual República Dominicana y de Haití, y si todo eso no hubiese pasado la historia sería completamente distinta.

LECCIÓN 18

Los dinosaurios

Texto: PRONALEES

Tal vez los dinosaurios son los únicos animales que gozan de fama universal, aunque se hayan extinguido hace millones de años. Curiosamente su fama está rodeada de ideas erróneas o inexactas.

Por ejemplo, no todos los dinosaurios eran enormes y feroces, ni todos vivieron al mismo tiempo. Algunos no rebasaban el tamaño de una gallina y unos ya se habían extinguido cuando otros apenas comenzaban a aparecer en la Tierra.

El científico y novelista Isaac Asimov señala que *dinosaurios* no es la manera más exacta de referirnos a estos seres. ¿Por qué? Enseguida vamos a comentarlo.

Brontosaurus

Compsognathus

Muttaburrasaurus

El significado del nombre

Los dinosaurios pertenecen a la clase de los reptiles. Tal vez por eso se escogió al principio la palabra *dinosauria* para referirse a ellos; ésta es una palabra en plural, de origen griego, y significa *lagartos terribles*. Sin embargo, los lagartos no son los reptiles más parecidos a los dinosaurios. Quienes se asemejan más a ellos son los caimanes. Si para escoger el nombre se hubiera tomado en cuenta esta semejanza, quizá los habrían llamado *dinococrodilios*. Pero, como se ve de inmediato, se trata de una palabra difícil de pronunciar y de retener en la memoria. Además, tampoco resulta exacta.

¿Debemos cambiar, entonces, nuestra forma de referirnos a los dinosaurios?

No, podemos usar la palabra *dinosaurio* comúnmente, pero es útil saber que su nombre científico no es éste. Los especialistas reúnen bajo el nombre de *arcosaurios* (reptiles dominantes) a los dos grupos de dinosaurios que existieron en el planeta.

Gracilisuchus

Deinosuchus

Huesos y fósiles

De los antiguos reptiles no queda otra cosa que huesos,
enteros o en fragmentos. Al medir y analizar los restos
de dinosaurios, ha sido posible establecer su tamaño, peso,
aspecto, alimentación e incluso su parentesco
con varios animales actuales: los caimanes
y cocodrilos, y posiblemente con las aves.

Casi todos los restos de los dinosaurios
permanecieron enterrados por millones de años;
conforme pasaba el tiempo, los huesos se
fueron endureciendo hasta parecer piedra,
es decir, se petrificaron,
y gracias a este proceso se conservaron
hasta nuestros días. A veces los animales
morían en superficies pantanosas y sus
restos eran cubiertos por cieno o lodo.
Este material blando funcionó como
una especie de molde, que al secarse y
endurecerse conservó la imagen en relieve de
los animales enteros o de algunas de sus partes.

A los restos petrificados y al material endurecido que funcionó como molde se les conoce como *fósiles*, y constituyen uno de los elementos que más pistas dan sobre el aspecto de los animales que se han extinguido.

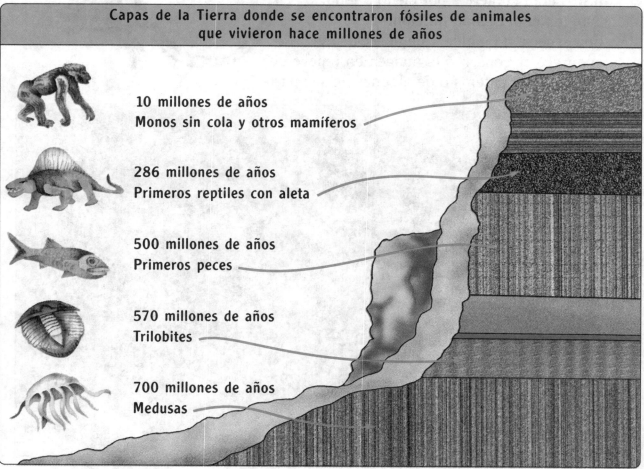

Capas de la Tierra donde se encontraron fósiles de animales que vivieron hace millones de años

10 millones de años
Monos sin cola y otros mamíferos

286 millones de años
Primeros reptiles con aleta

500 millones de años
Primeros peces

570 millones de años
Trilobites

700 millones de años
Medusas

¿En dónde vivieron los dinosaurios?

Se han encontrado restos de dinosaurios en todos los continentes. Los países en donde más se han hallado son: Estados Unidos, Mongolia, China, Inglaterra, Canadá, Argentina e India.

Aunque hasta hace muy poco tiempo se iniciaron proyectos para localizar y estudiar dinosaurios en el territorio mexicano, los descubrimientos más recientes, sobre todo en el norte del país, han hecho que los científicos afirmen que México ocupa un lugar relevante en cuanto a lugares que cuentan con vestigios de dinosaurios.

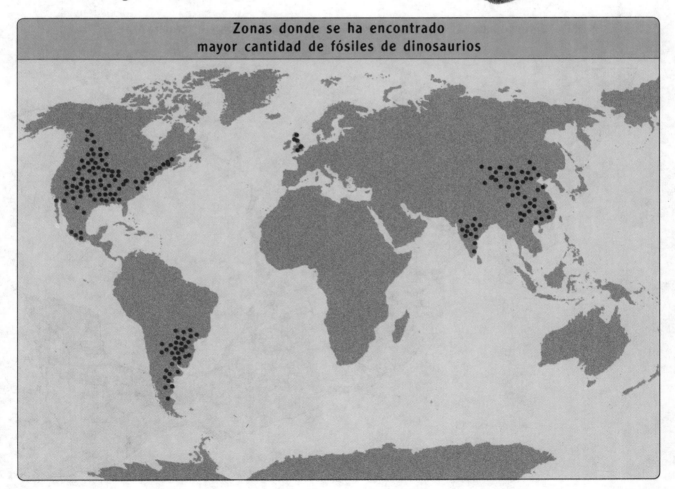

Zonas donde se ha encontrado mayor cantidad de fósiles de dinosaurios

Los dinosaurios en México

En los estados de Coahuila, Sonora, Baja California y Tamaulipas
se han descubierto restos de dinosaurios; y en Michoacán, Puebla,
Oaxaca y Guerrero se han encontrado
huellas fosilizadas de
estos reptiles.

Estados de la República Mexicana donde se han encontrado
restos o fósiles de dinosaurios

El primer hallazgo ocurrió en 1926, en una localidad del estado de Coahuila. Se trataba de un *Ceratopsios*, dinosaurio que se caracterizaba por poseer un par de cuernos frontales.

Triceratops

Unos años más tarde, en 1942, se encontraron restos de un *Hadrosáurido* en el estado de Sonora. A este reptil, que vivió hace 80 millones de años, también se le conoce como *pico de pato*. Era probablemente uno de los anfibios más hábiles: podía nadar muy bien y sobre la tierra se movía sin dificultad sobre sus dos potentes patas posteriores. Se alimentaba sobre todo de los juncos que crecían cerca de lagos y estanques.

Hadrosáurido

En 1959 se encontraron, también en Coahuila, restos que pertenecían a un *Centrosaurus*.
En 1966 se hallaron en Baja California restos de *Lambeosaurus*, *Ankylosaurus*, *Dromaeosaurus* y *Tyrannosaurus*.

Lambeosaurus

Centrosaurus

Dromaeosaurus

Tyrannosaurus

Ankylosaurus

Un proyecto interesante

En 1987 se aprobó un proyecto destinado a recuperar los restos fósiles de los dinosaurios encontrados en el estado de Coahuila, con el propósito de obtener la estructura completa de un ejemplar.

Para llevar a cabo un proyecto como éste se siguen varios pasos:

1. *Limpieza.* Con la ayuda de varios instrumentos que arrojan aire, se retira toda la materia adherida a los huesos hasta dejarlos limpios.

2. *Endurecimiento.* Ya limpios, los huesos se bañan con una sustancia plástica para preservarlos.

3. *Restauración.* Las piezas incompletas se reconstruyen a partir de esquemas y fotografías facilitadas por museos de varias partes del mundo. En el caso de los huesos largos resulta necesario injertarles una varilla de acero para sostenerlos.

4. *Duplicación.* Para armar el dinosaurio no se utilizan las piezas originales: con base en éstas se hacen moldes para obtener duplicados. Así, las piezas originales no se exponen al deterioro, se puede montar más de una exposición a la vez e intercambiar información con otros museos.

5. *Determinación.* Antes de armar el esqueleto se identifica cada hueso para saber cómo se articulan entre ellos y de qué lado del cuerpo se colocarán.

El ejemplar reconstruido era un *Kritosaurus,* que vivió hace más de 70 millones de años. En total, su estructura ósea consta de 218 huesos. La preparación y el montaje de este dinosaurio duró cuatro años. Se exhibió por primera vez en 1993, en el museo del Instituto de Geología de la UNAM.

Los recientes descubrimientos de restos fósiles de dinosaurios, y su recolección y estudio han aportado información sobre su conducta. Ahora se sabe, por ejemplo, que no todos eran torpes y solitarios; al contrario, los había ágiles y capaces de asociarse para cazar.

Kritosaurus

LECCIÓN 19

El ratón del supermercado y sus primos del campo

Texto: Jorge Ibargüengoitia

Ilustraciones: Tané, arte y diseño

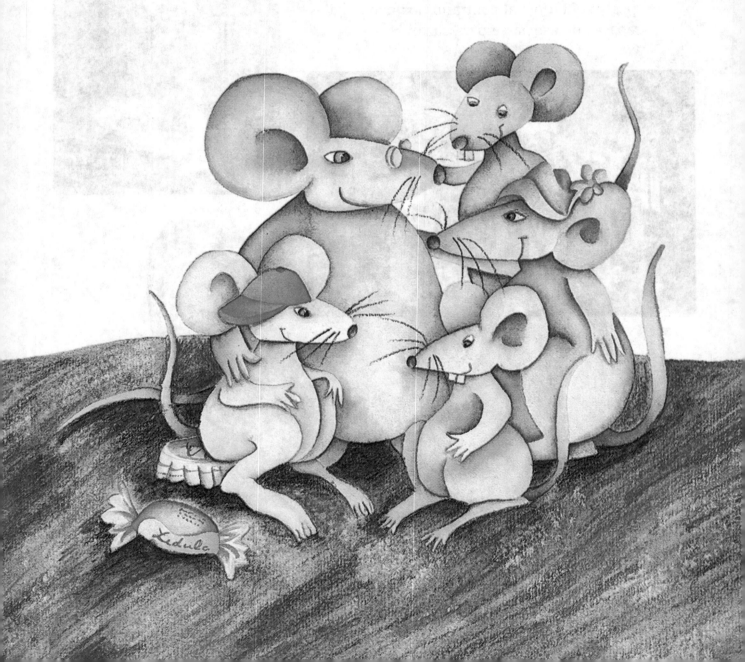

En un supermercado de una gran ciudad vivía una familia de ratones. Eran el ratón padre, la ratona madre y tres ratones hijos.

Durante el día el supermercado estaba lleno de señoras comprando cosas. A esas horas los ratones estaban en el agujero
durmiendo tranquilamente, porque sabían que cuando las señoras ven un ratón se asustan, gritan y tratan de subirse en
una mesa. Los ratones no querían asustarlas, porque sabían
que una señora asustada es peligrosa.

A las siete y media de la tarde, el timbre del supermercado
tocaba para anunciar que había llegado la hora
de que las señoras pagaran sus cuentas y se fueran a sus casas.

Al oír el timbre, los ratones despertaban, se ba-
ñaban con saliva, se peinaban con el dedo, se afi-
laban los dientes con las uñas y se ponían cerca
de la entrada del agujero.

El ratón padre era el primero en salir, despaci-
to, mirando para todos lados. Cuando se aseguraba de que no había ninguna señora rezagada,
hacía una seña con la cola a su familia, para avi-
sarles que podían salir del agujero sin peligro.

Al ver la señal, los ratones salían corriendo del agujero y se
separaban. Desayunaban cada uno por su lado. El ratón padre
iba derecho al departamento de salchichonería, trepaba en el
mostrador y se comía un chorizo, un pedazo de salami, o una
rebanada de jamón. A la ratona madre le gustaba el queso y
solía pasarse las noches enteras trepada en una pieza de queso añejo. Los ratones hijos preferían la dulcería. Le daban un
mordisco a un chocolate, una lamida a un caramelo o se comían un mazapán.

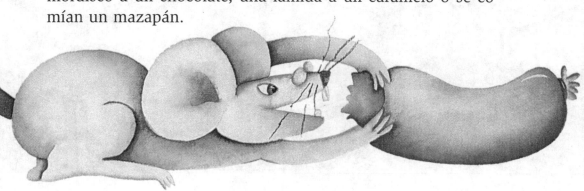

Cuando terminaban de comer, el ratón padre y la ratona madre salían del supermercado por una rendija que había debajo de la puerta y se iban a visitar a unos ratones amigos que vivían en la panadería que había a media cuadra.

Los ratones hijos, en cambio, pasaban la noche jugando. Iban al departamento de muebles y jugaban carreras de colchones, que es un juego que consiste en hacer tres agujeros en un lado de un colchón y ver quién sale primero por el extremo opuesto. Otras veces jugaban a la televisión, que es un juego que consiste en meterse en una televisión y comerse los alambres.

Así pasó el tiempo, hasta que un día el ratón padre le dijo a la ratona madre:

—Creo que ha llegado el momento en que nuestro hijo mayor salga del supermercado, haga un viaje y conozca el mundo, para que pueda apreciar mejor las comodidades que tiene aquí.

A la ratona madre le parecía que su hijo estaba todavía muy chico para salir del supermercado, pero después de mucha discusión estuvo de acuerdo en que el mayor de los ratones hijos fuera a pasar una temporada con unos parientes suyos que vivían en el campo.

El mayor de los ratones hijos, que tenía curiosidad en saber qué había fuera del supermercado, aceptó encantado la idea de salir de viaje, se despidió de la familia y a la mañana siguiente, en vez de irse a dormir en el agujero, salió del supermercado escondido en una caja de huevo vacía.

El viaje fue largo, pero sin contratiempo. El ratón siguió al pie de la letra las indicaciones que le dio su padre: transbordó en determinado momento a un huacal, después a un costal, y a las ocho de la noche llegó al rancho.

Cuando el ratón del supermercado salió del costal no pudo ver nada, por lo que dedujo que estaba en un cuarto oscuro. Tan oscuro que,

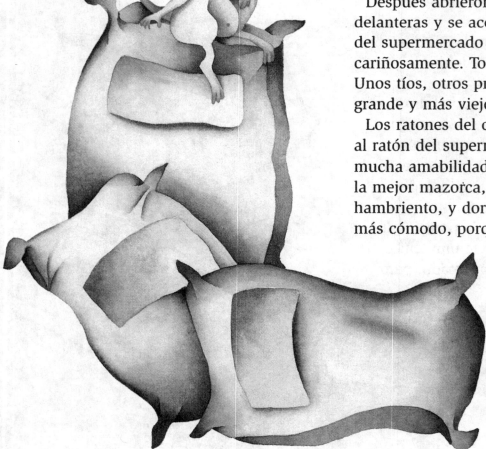

a pesar de que los ratones ven perfectamente de noche, tuvo que esperar un rato antes de darse cuenta de que no estaba solo, sino rodeado de cien ratones inmóviles, que lo miraban con desconfianza.

—¿Quién eres tú? —le preguntó el más grande y más viejo de los ratones del campo.

El ratón del supermercado dijo el nombre de su padre, el de su madre y por último lanzó el grito de guerra de la familia:

—¡Riquitiquitiquitaca tiquitaca!

Al oír esto, los demás ratones contestaron a coro:

—¡Racatacarracataca tacataca!

Después abrieron las patas delanteras y se acercaron al ratón del supermercado y lo abrazaron cariñosamente. Todos eran parientes. Unos tíos, otros primos, el más grande y más viejo era tío abuelo.

Los ratones del campo recibieron al ratón del supermercado con mucha amabilidad. Lo dejaron roer la mejor mazorca, porque estaba hambriento, y dormir en el agujero más cómodo, porque se había cansado mucho durante el viaje.

A la noche siguiente, el ratón del supermercado salió del agujero con sus primos del campo y estuvo recorriendo con ellos el cuarto oscuro, que era muy grande y se llamaba la troje.

Se dio cuenta de que la troje era un lugar muy diferente al supermercado. No había en ella ni dulcería, ni salchichonería, ni departamento de quesos. Los ratones del campo desayunaban maíz, a las ocho de la noche, comían maíz a la una de la mañana y merendaban maíz a las seis de la mañana.

Cuando el ratón de supermercado les dijo a sus primos que se aburría de tanto comer maíz, éstos le contestaron:

—A veces no hay más que olotes.

Las diversiones de la troje tampoco eran gran cosa. Consistían principalmente en esconderse de una lechuza que vivía en una viga del techo, que cada vez que veía un ratón se le dejaba ir encima. Esa misma lechuza se había comido a los abuelos de toda la familia.

Los primos del campo le preguntaban al ratón cómo era el supermercado y él les contaba de los jamones, los alteros de quesos, las cajas de chocolates, los colchones, las televisiones.

Mientras más oían hablar del supermercado, más querían saber, más preguntaban y más cosas les contaba su primo. Tanta curiosidad llegaron a tener, que decidieron ver todas aquellas maravillas con sus propios ojos. En el siguiente viaje de maíz que salió del rancho, había cien ratones escondidos en los costales. Al llegar al supermercado, los ratones del campo quedaron admirados.

Invadieron la salchichonería, se atracaron de queso y mordisquearon los chocolates. Tan contentos estaban corriendo de un lado para otro que se olvidaron de tomar precauciones y no se escondieron durante el día. Algunos de ellos se divirtieron una tarde espantando señoras. Se reían al oírlas gritar y soltaban la carcajada al verlas tratar de subirse en una mesa. El gerente del supermercado estaba contando los jamones roídos, los quesos desaparecidos y los chocolates mordisqueados cuando oyó los gritos de las señoras.

—¡Esto no puede seguir así! —dijo.

Hizo una rabieta, dio una patadita y se puso morado. Ordenó que al día siguiente se cerraran las puertas, y se fumigara el local con vapor venenoso capaz de acabar con el último ratón. Afortunadamente para los ratones, el ratón padre

estaba mirando desde la entrada
del agujero al gerente cuando éste
se puso morado. Esto lo alarmó.

—Según mi experiencia —dijo a
sus parientes—, cuando el gerente
se pone morado es que ha llegado
la hora de liar petate y largarse a
vivir en otro lado.

Esa noche, los ratones del
supermercado y sus primos
del campo salieron por la rendija
que había debajo de la puerta
y en una esquina esperaron
a que pasara el primer camión
cargado de cajas de huevo vacías.

Esa noche llegaron al rancho,
en donde vivieron muchos años,
cuidándose de la lechuza y
comiendo maíz tres veces al día.

De este cuento se deduce que
donde comen cinco pueden comer
seis y probablemente hasta siete,
pero no cien.

LECCIÓN 20

El fantasma de Canterville

Texto: PRONALEES *(versión libre de la obra de Óscar Wilde)*
Ilustraciones: Leonid Nepomniachi

Cuando el señor Otis, ministro de Estados Unidos, adquirió el castillo de Canterville, todo el mundo le dijo que cometía un grave error, pues aquel castillo estaba embrujado. Incluso el señor Canterville se lo advirtió cuando trataron las condiciones de compraventa.

—Mi familia y yo —dijo el señor Canterville— nos hemos negado a vivir allí desde hace mucho tiempo. Es mi deber advertirle que el fantasma ha sido visto por todos nosotros.

—Señor Canterville —contestó el ministro sonriendo— compraré el castillo con todo y fantasma por el mismo precio. Soy un hombre moderno y estoy seguro de que si queda todavía un auténtico fantasma, algún jovencito de mi país lo atrapará para colocarlo en uno de nuestros museos o exhibirlo como un fenómeno de feria.

—El fantasma sí existe —insistió el señor Canterville— hace más de tres siglos que se le conoce.

—¡Bah! Los fantasmas no existen —contestó el señor Otis.

—Bueno, si a usted le gusta tener un fantasma en casa, ¡qué mejor!; sólo recuerde que yo lo previne —concluyó el señor Canterville.

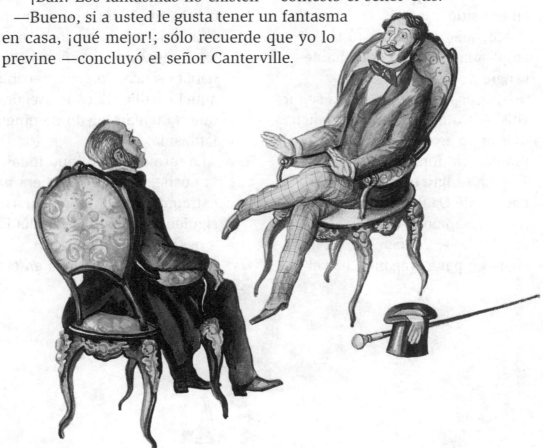

Después de unas semanas se cerró el trato, y el señor Otis y su familia se mudaron al castillo.

La familia Otis estaba formada por el ministro, la señora Lucrecia, el hijo mayor llamado Washington, una hija llamada Virginia y dos pequeños gemelos.

La misma noche que llegó la familia Otis al castillo, precisamente cuando estaban cenando, la señora Lucrecia observó una mancha de color rojo oscuro en el suelo, cerca de la chimenea, y le dijo a la empleada:

—Veo que se ha caído algo en ese sitio.

—Sí, señora —contestó la empleada— es una mancha de sangre...

—¡Es espantoso! —dijo la señora Otis—. No me gustan las manchas de sangre en un salón. ¡Hay que limpiar eso inmediatamente!

—Esa sangre es de la señora Leonor de Canterville, que murió misteriosamente —replicó la empleada—, y dicen que su alma sigue en pena, vagando por el castillo. Es imposible borrar esa mancha.

—¡Tonterías! —exclamó el señor Otis—. Con un líquido quitamanchas desaparecerá en un instante.

Y antes de que la empleada pudiera intervenir, el ministro salió del comedor, regresó con un frasco y se arrodilló para frotar la mancha con el líquido. A los pocos instantes había desaparecido.

—¡Yo sabía que este líquido la borraría! —exclamó en tono triunfal el señor Otis, pero apenas había pronunciado esas palabras un relámpago iluminó toda la estancia y retumbó un gran trueno que hizo que la empleada se desmayara.

Cuando volvió en sí, la mujer les comentó a los señores Otis que había escuchado cosas terribles de aquel castillo. Ellos le aseguraron que no tenían miedo de ningún fantasma.

La tormenta continuó toda la noche, sin que sucediera nada extraordinario. A la mañana siguiente, cuando la familia bajó a desayunar, encontraron nuevamente la mancha en el piso.

El señor Otis comentó que no era culpa del líquido que había usado. Nuevamente frotó la mancha y ésta desapareció. Sin embargo, al día siguiente apareció de nuevo. Durante varios días sucedió lo mismo: quitaban la mancha y al día siguiente aparecía. La familia Otis comenzó a aceptar la existencia del fantasma.

Una noche después de la cena, toda la familia se retiró a sus habitaciones, cuando el reloj marcó las once y media, todas las luces del castillo ya estaban apagadas. Al poco rato, el señor Otis despertó; había escuchado ruidos extraños y pisadas en el corredor. Se levantó de su cama, se puso unos zapatos, cogió un frasco y abrió la puerta.

Vio, frente a él, a un fantasma de aspecto aterrador, con una larga cabellera gris, harapiento y con las muñecas y los tobillos atrapados por pesadas cadenas oxidadas.

—Mi querido señor —dijo el ministro—, perdone usted, pero sus cadenas hacen mucho ruido y creo que necesita engrasarlas. Le presto un frasco de aceite quitarrechinidos. Se lo dejaré aquí junto a los candelabros, y tendré mucho gusto de prestarle más si le hace falta.

Después de decir esto, el señor Otis cerró la puerta y se volvió a meter en la cama.

El fantasma se quedó unos minutos paralizado de la indignación. Arrojó el frasco

contra el suelo y corrió por el pasillo, gritando furiosamente. Al final del pasillo se abrió una puerta y aparecieron los dos pequeños gemelos. Ambos arrojaron grandes almohadas sobre la cabeza del fantasma, que, más indignado aún, desapareció rápidamente a través de la pared.

Cuando el fantasma llegó a su escondite respiró profundamente y pensó que jamás, en trescientos años, lo habían humillado de una forma tan grosera. Recordó otros tiempos en los que había asustado e impresionado a miles y miles de personas. Y todo esto ¿para qué? ¿Para que le ofrecieran aceite quitarrechinidos o le arrojaran almohadas a la cabeza? Era una situación realmente intolerable.

A la mañana siguiente, cuando la familia desayunaba, el señor Otis comentó: —No me gustaría ofender al fantasma. Considero —agregó, dirigiéndose a los gemelos— que no fue correcto haberle tirado almohadas a la cabeza.

Los pequeños rieron a carcajadas.

—Por otro lado —continuó el señor Otis—, si se niega a utilizar el aceite quitarrechinidos, nos veremos en la necesidad de quitarle sus cadenas, pues será imposible dormir con ese ruido.

Durante la siguiente semana la familia Otis no fue molestada por el fantasma, lo único que les sorprendió fue que la mancha aparecía continuamente en el piso cerca de la chimenea, pero cada día de diferente color, a veces rojo, otras veces morado, y en una ocasión apareció de color verde esmeralda. Estos cambios de color divirtieron mucho a la familia, excepto a la joven y dulce Virginia.

El fantasma hizo su segunda aparición un domingo por la noche.

Estaban todos dormidos cuando un terrible ruido se escuchó en el vestíbulo. Rápidamente bajó el señor Otis y observó que una gran armadura estaba tirada en el suelo; al lado se encontraba el fantasma de Canterville sobándose la rodilla. Los gemelos lo habían derribado disparándole con cerbatanas.

El señor Otis quiso continuar la broma y gritó "manos arriba". El fantasma, indignado, se levantó, corrió a la parte alta de la escalera y lanzó su célebre

y escalofriante carcajada que tan buenos resultados le había dado siempre. Una puerta se abrió enseguida. Era la señora Otis que, en bata, se asomó para decir:

—Creo que usted está enfermo, aquí tiene el jarabe quitadolores. Seguramente tiene una indigestión estomacal, esto lo curará muy bien.

El fantasma la miró enfurecido, pero al oír los pasos de los gemelos desapareció rápidamente.

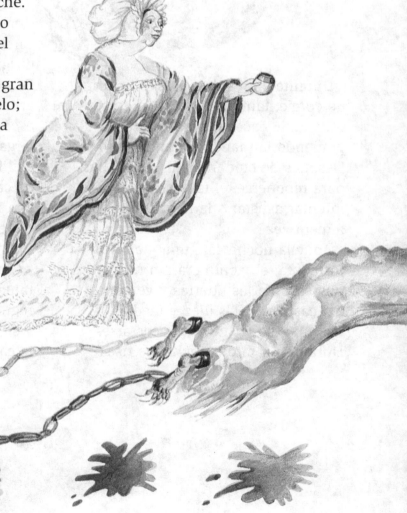

de los gemelos que jugaban antes de meterse en la cama; pero a las once y cuarto todo quedó en silencio. La familia dormía tranquilamente sin sospechar lo que pasaría.

Cuando el reloj marcó exactamente las doce de la noche el fantasma se deslizó por el castillo. La tremenda tormenta continuaba, los relámpagos iluminaban los pasillos y el viento que entraba por las ventanas agitaba su larga cabellera. Con una escalofriante carcajada dio vuelta en el corredor dirigiéndose al cuarto de los señores Otis, pero repentinamente retrocedió, gritando aterradoramente, escondiendo la cara entre sus largas y huesudas manos. Frente a él había un horrible fantasma, de cabeza redonda y amarilla, con una extraña sonrisa y sobre el pecho tenía colgado un recado indescifrable.

Como él nunca había visto un fantasma, sintió verdadero pánico; regresó corriendo a su escondite y se metió en la cama tapándose la cabeza con las sábanas.

Durante varios días estuvo enfermo de coraje, tanto que no salió de su escondite, excepto para continuar poniendo la mancha sobre el piso. Después de cuidarse por varios días para reponerse, el fantasma decidió intentar asustar a la familia por tercera vez.

Aquella noche caía una gran tormenta, el viento era tan fuerte que sacudía las puertas y ventanas del castillo. A las diez y media oyó que todos subían a acostarse. Durante un rato escuchó las risas

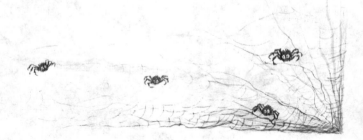

Al amanecer, pensó que después de todo era conveniente hablar con el otro fantasma, pues si eran dos y se asociaban, podían asustar mejor a los pequeños gemelos.

Salió sigilosamente de su escondite y se dirigió al lugar donde había encontrado al otro fantasma. Se llevó una tremenda sorpresa cuando vio que el *fantasma* era sólo una escoba cubierta por una sábana blanca con una calabaza hueca como cabeza. Entonces leyó claramente el recado que la noche anterior le había parecido indescifrable:

Al terminar de leer se dio cuenta de todo: ¡nuevamente se habían burlado de él! Apretando las mandíbulas y levantando sus huesudos brazos, lleno de rabia, juró, según un antiguo conjuro, que cuando cantara el gallo dos veces ocurrirían terribles desgracias. No había terminado de decir el atroz juramento cuando cantó un gallo; el fantasma soltó una carcajada y esperó el segundo canto… esperó y esperó, pasó una hora y después otra, pero por alguna extraña razón el gallo no volvió a cantar. Cansado de esperar regresó a su escondite.

EL FANTASMA OTIS
EL ÚNICO, AUTÉNTICO
Y VERDADERO.
¡DESCONFÍE
DE LAS IMITACIONES!
TODOS LOS DEMÁS
SON FALSIFICADOS.

Al día siguiente el fantasma se sentía débil, agotado y muy nervioso por las emociones de las últimas semanas. Decidió no salir de su escondite ni poner la mancha en el suelo, pues sabía que de todos modos la quitarían. Sin embargo, consideraba un deber salir a los pasillos a la media noche por lo menos una vez a la semana, así que los siguientes tres sábados lo hizo, eso sí, con muchas precauciones para no ser visto ni oído. Daba pasos ligeros y utilizaba el aceite quitarrechinidos para engrasar sus cadenas; al principio se sentía humillado, pero reconocía, que después de todo, el lubricante era bueno, muy bueno.

Una noche los gemelos atravesaron cuerdas en los corredores, que hicieron tropezar al fantasma en la oscuridad. La jugarreta lo enfureció de tal modo que resolvió visitar a "esos malcriados" con su disfraz más aterrador. Necesitó tres largas horas para lograr el aspecto que buscaba. Cuando estuvo listo atravesó la pared, se dirigió al corredor, llegó al cuarto de los gemelos y abrió violentamente la puerta. Una jarra de agua le cayó encima y lo dejó empapado hasta los huesos.

Oyó las risas de los traviesos niños y para no sentirse aún más humillado, salió a toda velocidad rumbo a su escondite. Al día siguiente tuvo que quedarse en cama con un fuerte catarro.

A partir de aquella noche decidió no intentar nunca más asustar a la familia Otis y se limitó a recorrer el castillo con unas pantuflas y una gruesa bufanda en el cuello por miedo a las corrientes de aire; en la mano siempre llevaba una resortera por si lo atacaban los gemelos.

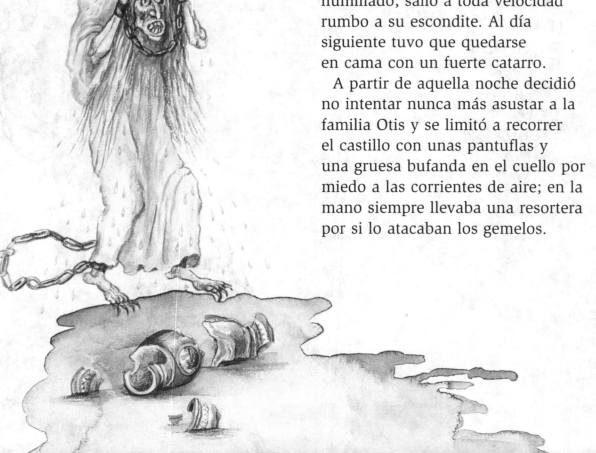

Otra noche, cuando el castillo estaba en silencio, se dirigió confiadamente hacia el salón donde estaba la chimenea. Sentía una enorme curiosidad por ver qué había sucedido con la mancha. De pronto se le acercaron dos figuras agitando locamente los brazos y gritando como poseídos por algún demonio.

Lleno de pánico corrió hacia la escalera, ahí el joven Washington lo esperaba con una regadera. Sintiéndose acorralado, el fantasma regresó al salón y huyó por el tiro de la chimenea hasta su escondite, donde llegó desesperado y sucio de hollín. Desde entonces, prometió nunca más hacer visitas nocturnas por el castillo.

Los gemelos se quedaron esperándolo muchas noches para hacerle diferentes travesuras, pero todo fue inútil. El fantasma estaba tan triste y humillado que no volvió a aparecer.

Pasó el tiempo y todos pensaron que el fantasma había desaparecido. Pero se equivocaban, pues el fantasma seguía escondido en el castillo y, aunque frustrado y encerrado, en aquel momento no pensaba en retirarse.

Por aquellos días estuvo como invitado en el castillo el duque de Chesire, novio de la dulce Virginia. El fantasma deseó ardientemente demostrar que no había perdido influencia y decidió aparecer ante el duque disfrazado de vampiro. Pero en el último momento, el miedo que le tenía a los gemelos lo mantuvo encerrado en su cuarto y el duque pudo dormir tranquilo soñando con Virginia.

Días después, Virginia y su enamorado dieron un paseo a caballo. Cuando pasaron cerca de unos rosales el vestido de la joven se desgarró. Volvieron al castillo y Virginia entró corriendo para que no la vieran. Pasó por un salón y le pareció ver a alguien dentro; creyendo que era su madre entró para pedirle que le ayudara a coser su vestido. ¡Con gran sorpresa se encontró con el fantasma de Canterville! Estaba sentado frente a una ventana, con la cabeza apoyada sobre una mano, en una actitud de nostalgia y tristeza.

Su aspecto era tan melancólico que Virginia sintió compasión por él y decidió consolarlo:

—Me da usted mucha pena. Mis hermanos salen mañana de viaje y si se porta bien, nadie lo molestará.

—¡Es absurdo pedirme que me porte bien! —respondió el fantasma—. Arrastrar mis cadenas y asustar durante las noches ¡no es portarse mal! Es mi única razón de ser.

—Eso no es una razón de ser, además, se sabe que en sus tiempos, usted fue muy malo.

—Sí, no lo niego —contestó con arrogancia el fantasma—. Pero eso es un asunto que a nadie le importa.

Ante tal respuesta Virginia decidió dejarlo solo.

El fantasma le pidió disculpas y le suplicó que se quedara con él un poco más. Sin embargo, Virginia escuchó que la llamaban.

—Buenas noches —se despidió la joven—, le pediré a mi papá que mande a los gemelos una semana más de vacaciones.

—¡No se vaya señorita Virginia, se lo suplico! —exclamó el fantasma—. Estoy tan solo y soy tan desgraciado. Quisiera dormir y no puedo.

—¡Cómo que no puede! Dormir es muy sencillo. No tiene usted más que acostarse y apagar la luz.

—Hace 300 años que no duermo —sollozó el fantasma— por eso estoy cansadísimo.

—¡Pobre fantasma! —dijo Virginia—. ¿No hay ningún lugar donde pueda usted dormir?

—Sí, allá a lo lejos, existe un jardín donde canta el ruiseñor, la luna mira con benevolencia y la noche extiende sus grandes brazos para acoger a los durmientes...

Virginia lloraba mientras escuchaba al fantasma.

—¿Habla usted del jardín de la muerte? —murmuró.

—¡Sí, de la muerte! Ese jardín donde sobre la tierra se descansa, se escucha el silencio, en donde no hay ayer ni mañana... Usted puede ayudarme, sólo con su amor y perdón podré abrir las puertas de aquel lugar.

Virginia aceptó ayudarlo. El fantasma se arrepintió de todo el mal que había hecho y caminaron juntos hacia la puerta por donde se entraba al jardín de la muerte. Se despidió de ella y en agradecimiento le obsequió un bello cofre con joyas y monedas antiguas. El fantasma atravesó la puerta y pudo, al fin, descansar en paz.

Virginia regresó al castillo, donde todos la buscaban preocupados, y les contó lo sucedido.

Meses después Virginia se casó con el duque de Chesire y, por varios años, la familia Otis vivió tranquilamente en el castillo. Frecuentemente en sus anécdotas recordaban lo que vivieron con el fantasma de Canterville.

Créditos editoriales

El siguiente título se reprodujo con la autorización de la casa editora y la heredera de los derechos del autor:

"El ratón del supermercado y sus primos del campo", Jorge Ibargüengoitia, en *Piezas y cuentos para niños* [3ª reimpresión], México, Joaquín Mortiz, 1998, pp. 135-141.

El texto íntegro del siguiente título se reprodujo con la autorización de la casa editora y el autor:

Tajín y los siete truenos: Una leyenda totonaca contada por Felipe Garrido, texto de Felipe Garrido, ilustraciones de Pedro Bayona, México, Solar Servicios Editoriales-SEP, 1990 (Cuentos del Ermitaño), 40 pp.

El siguiente título se reprodujo parcialmente con la autorización de la autora:

Mi familia y la Bella Durmiente cien años después, texto de Silvia Molina, ilustraciones de Susana Martínez Ostos, México, Ediciones Corunda, 1993, pp. 7-23

Los siguientes títulos fueron adaptados por el Pronalees para la presente edición:

"Buenos vecinos", en *Cuentos fantásticos [Dragon tales; The little people; Tall Stories; Hubble bubble],* John Patience, Everest, España, 1994, sin folios.

Cartas a un gnomo, texto de Margarita Mainé, ilustraciones de Nora Hilb, 5ª ed., Buenos Aires, Sudamericana, 1999 (Pan-Flauta, 27), 59 pp.

Pateando lunas, texto de Roy Berocay, ilustraciones de Gabriela Rodríguez, México-Montevideo, SEP-Mosca Hermanos, 1992, 97 pp.

Gato encerrado, texto de Mireya Tabuas, ilustraciones de Cristina Keller, Caracas, Monte Ávila Editores Latinoamericana, 1995 (Primera dimensión), sin folios.

Créditos de imagen

Se agradece la colaboración de las siguientes personas e instituciones: Primer superintendente Alejandro Aguilar López, Heroico Cuerpo de Bomberos del D.F.; Maestro Luis Espinoza, Museo del Instituto de Geología de la UNAM; Maestro René Hernández, Archivo fotográfico del Instituto de Geología de la UNAM; comandante Gildardo Vázquez, Heroico Cuerpo de Bomberos de Cuernavaca, Morelos.

Fotógrafos

Lourdes Almeida: pp. 125 centro izq., 133 centro izq. y 133 ab.

Cidcli: pp. 125 arr. der., 125 arr. izq., 125 ab., 127, 128 arr. der., 128 ab. izq., 131 arr. der., 185 arr. der., 185 centro izq., 186 centro der., 186 ab. izq., 187 centro izq., 187 ab. der., 189 arr. der., 189 ab. y 214 centro der.

Fulvio Eccardi: pp. 184, 185 centro, 186 arr. der., 186 ab. der., 187 ab. izq., 188, 189 centro der. y 189 centro izq.

Luis Espinoza/Museo del Instituto de Geología de la UNAM: p. 223 centro

René Hernández/Archivo del Instituto de Geología de la UNAM: p. 222

Heroico Cuerpo de Bomberos de Cuernavaca, Morelos: pp. 52 y 58

Heroico Cuerpo de Bomberos del D.F.: pp. 53 arr. der., 53 ab., 55 arr. der., 55 ab. der. y 56 ab.

Laura Iñigo: pp. 25 ab., 26, 50, 51 ab., 57 arr. der. y 61

Rafael Miranda: pp. 124

NASA: pp. 130 arr. izq., 130 arr. der. y 130 ab. der.

Reforma/En red: pp. 51 arr., 53 centro, 54 arr., 54 centro izq., 54 ab. izq., 54 ab. der., 55 ab. izq, 56 arr., 57 ab. izq., 57 ab. der., 60 arr. y 60 ab.

Libros

Los números entre paréntesis y negritas indican la página de la presente edición donde aparecen las imágenes tomadas de las siguientes fuentes:

Diccionario Visual Altea del Universo, México, Aguilar-Altea-Taurus-Alfaguara, 1994 (Diccionarios Visuales Altea).

• Andy Crawford y Bob Gathany, p. 55 (**132** ab. der.)

Enciclopedia completa de la fotografía, Michael Langford, Madrid, Hermann Blume Ediciones, 1983.

• Jane Burton, p. 275 (**129** ab. izq.)

• Stephen Dalton, p. 302 (**129** ab. der.,)

Enciclopedia de los dinosaurios y animales prehistóricos, 4a. ed., Dougal Dixon *et al.*, Barcelona, Plaza y Janés–Tusquets–Ediciones La Caixa, 1993.

• Ilustraciones: pp. 98 (**214** izq.), 99 (**214** ab. centro), 110 (**220** ab.), 119 (**221** centro), 131 (**213** arr.), 143 (**213** ab. der.), 146 (**219** ab.), 147 (**216** arr. der.), 147 (**223** ab.), 151 (**220** arr.), 159 (**221** ab.), 163 (**220** centro) y 166 (**219** centro)

Historia de la Ciudad de México, tomo 7, Fernando Benítez, Barcelona, Salvat Ediciones, 1984.

• Archivo Casasola, INAH, p. 63 (**132** arr. izq.)

Historia de la Ciudad de México, tomo 9, Fernando Benítez, Barcelona, Salvat Ediciones, 1984.

• Rafael Doniz, p. 32 (**133** arr. der.)

Imágenes de hoy, México, UNAM, 1992.

• José Ignacio González Manterola, pp. 28 (**131** ab. der.) y 29 (**131** izq.)

• Vicente Guijosa, pp. 59 (**129** centro der.) y 85 (**130** ab. izq.)

• Mario Gómez, p. 99 (**223** arr. der.)

• Daniel Romo, p. 155 (**128** ab. der.)

• Rogelio Cuéllar, p. 173 (**128** centro der.)

La fotografía paso a paso, 10a. ed., Michael Langford, Madrid, Hermann Blume Ediciones, 1990.

• Stephen Dalton, p. 8 (**129** arr. centro)

• Popperphoto, p. 14 (**132** arr. der.)

La Tierra, nuestro hogar, Isaac Asimov, Madrid, Ediciones SM, 1989 (Biblioteca del Universo, vol. 6).

• K. Segerstrum/USGS, p. 12 (**132** ab. izq.)

Los animales prehistóricos, Josef Augusta, México, Queromón Editores, 1964.

• Zdenek Burian, lámina 25 (**214** arr.) y lámina 26 (**215** ab.)

Los dinosaurios, David Norman, y Angela Milner, México, Aguilar–Altea–Taurus–Alfaguara, 1992 (Biblioteca Visual Altea).

• Angela Murphy, pp. 30 (**219** arr. der.) y 63 (**212**)

• Mary Evans Picture Library, pp. 34 y 35 (**218**)

• John Woodcock, p. 51 (**215** centro der.)

• The British Museum (Natural History), p. 55 (**217**)

• Albert Dickson, p. 46 (**215** arr. der.)

• Kobal Collection, p. 63 (**212**)

Los fósiles, Paul D. Taylor, México, Aguilar-Altea-Taurus-Alfaguara, 1992 (Biblioteca Visual Altea).

• Kathy Lockely, p. 48 (**216** arr.)

Los fósiles, huellas de mundos desaparecidos, Yvette Gayrad Valy, Madrid, Aguilar Universal, 1989.

• Serrette, Muséum National d'Histoire Naturrelle, París, p. 76 (**215** arr. izq.)

Malinalco, imágenes de un destino, México, Patronato Cultural Iberoamericano A.C. y Banca Cremi, 1989.

• Gabriel Figueroa, p. 36 (**125** centro der.)

Medium-Format Cameras, Theodore Di Sante, Tucson, HPBooks, 1981.

• Theodore Di Sante, pp. 77 (**129** arr. izq.) y 189 (**129** arr. der.)

The Badianus Manuscript (Codex Barbeni, Latin 241), Baltimore, The Johns Hopkins Press, 1940, p. 151 (**25** arr.)

The Photographer's Guide to Using Light, Ted Schwarz y Brian Soppee, Nueva York, Amphoto, 1986.

• Scott Sheffield, p. 141 (**128** arr. izq.)

Un día en la Ciudad de México, México, Grupo Editorial Azabache, 1992.

• Pablo Oceguera, "Parando el mundo", p. 61 (**128** izq. centro)

• Fulvio Eccardi, "Así se hace la alegría", p. 92 (**128** centro)

Un millón de insectos, Vincent Albouy *et al.*, Madrid, Ediciones SM, 1996.

• Anne y Jacques Six, p. 13 (**185** ab.)

• Daniel Collobert, p. 19 (**186** centro izq.)

• Gilbert Houbre, p. 19 (**187** arr.)

Español
Cuarto grado. Lecturas
Se imprimió por encargo de la
Comisión Nacional de Libros de Texto Gratuitos,
en los talleres de Compañía Editorial Ultra, S.A. de C.V.,
con domicilio en Centeno núm. 162 local-2, col. Granjas Esmeralda,
C.P. 09810, México, D.F., el mes de febrero de 2001.
El tiraje fue de 2'956,400 ejemplares,
más sobrantes de reposición.